Christa Troll
Michaela Hartl
Nadine Lohmann

Hauswirtschaft in Bildern

Backen für Anfänger

Auer Verlag

Gedruckt auf umweltbewusst gefertigtem, chlorfrei gebleichtem
und alterungsbeständigem Papier.

1. Auflage 2010
Nach den seit 2006 amtlich gültigen Regelungen der Rechtschreibung

Fotos: Friedrich Rieß, München
Umschlagfoto: Friedrich Rieß, München
Satz: krauß-verlagsservice, Augsburg
Druck und Bindung: Kessler Druck + Medien GmbH, Bobingen
ISBN 978-3-403-0**6645**-3

www.auer-verlag.de

Inhaltsverzeichnis

1 Vorüberlegungen

2 Medien

3 Arbeitsblätter

4 Rezeptverzeichnis (in alphabetischer Reihenfolge)

1 Vorüberlegungen

Im Fach Hauswirtschaft steht neben dem Planen und Organisieren vor allem das Zubereiten von Speisen im Mittelpunkt, wobei hier grundlegende Kenntnisse der Ernährungslehre durchdrungen und erlernt werden.
Damit Schüler* selbstständig gesunde Speisen zubereiten können, müssen wesentliche Techniken sowie Grundteige und -rezepte erlernt werden.
Diese sogenannten Grundrezepte können anhand einfacher Rezepte eingeschult werden, damit der Schüler diese erlernt, einübt und auf weitere Gerichte übertragen kann.
Das Einschulen, aber auch die immer wiederkehrende Sicherung dieser fundamentalen Techniken ist von großer Bedeutung. Mithilfe der Bildkarteien und des dazugehörigen Begleitheftes können Sie Ihren Schülern zusätzlich zum Realmedium (Lebensmittel, Arbeitsmittel) die Techniken schüler- und sachgemäß veranschaulichen.
Die einzelnen Arbeitsschritte werden auf Fotos visualisiert. Somit können Sie die Tätigkeiten in kleinen Schritten einführen und die Schüler bei der selbstständigen praktischen Umsetzung optimal unterstützen.

Aufbau der Bildkartei „Backen für Anfänger"

Die Bildkartei „Backen für Anfänger" besteht aus 48 Kärtchen, die in acht Grundteige (Mürbteig, Rührteig, Biskuitteig, Blätterteig, Quark-Öl-Teig, Hefeteig, Brandteig, Strudelteig) unterteilt sind. Zu jedem Teig gibt es eine doppelseitig bedruckte Gruppenkarte (Vorderseite mit Bild und Rückseite mit Informationen) sowie mehrere einseitig bedruckte Karten, die die einzelnen Arbeitsschritte zur Herstellung der Teige enthalten. Zur leichteren Sortierung sind die Karten zu einem Teig jeweils mit der gleichen Farbe hinterlegt.

Beispiel Arbeitsschritte „Mürbteig"

Mürbteig – 1. Zutaten mit Teigkarte hacken

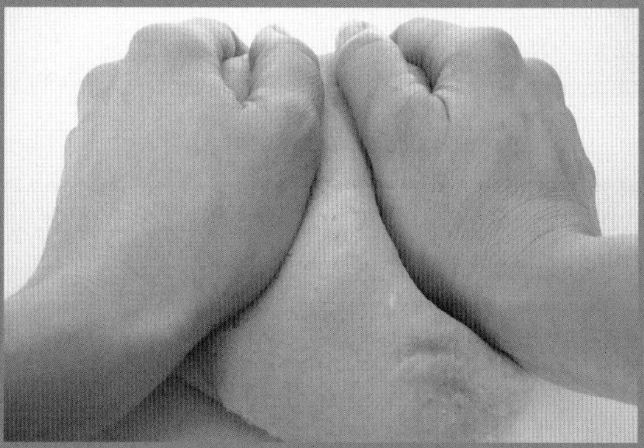

Mürbteig – 2. Teig kneten

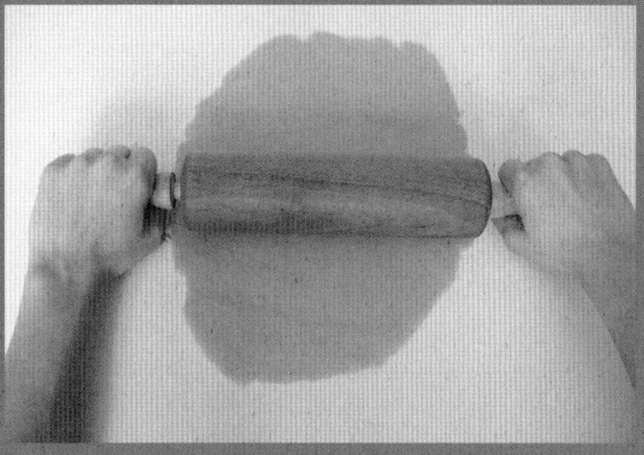

Mürbteig – 3. Teig ausrollen

Mürbteig – 4. Teig verarbeiten, z. B. Plätzchen ausstechen

* Aufgrund der besseren Lesbarkeit werden in diesem Buch ausschließlich die männlichen Formen verwendet. Wenn von Schüler gesprochen wird, ist immer auch die Schülerin gemeint, ebenso verhält es sich mit Lehrer und Lehrerin.

Beispiel Gruppenkarte „Der Mürbteig“

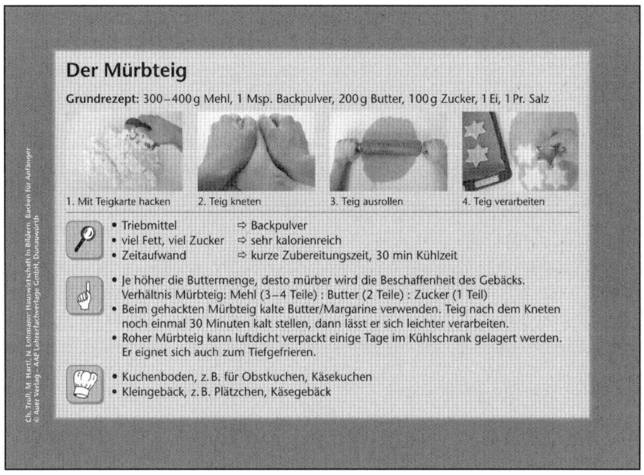

Auf der Vorderseite der Gruppenkarte sind die Zutaten des Grundrezeptes in der jeweiligen Mengengröße abgebildet, z. B. Butter, Zucker, Mehl usw. So kann der Schüler anhand des Bildes schon auf den Teig schließen bzw. nach dem Kennenlernen von mehreren Teigen diese vergleichen.

Auf der Rückseite sind die Arbeitsschritte in Wort und Bild dargestellt. Sie enthält das Grundrezept des Teiges sowie seine Beurteilung aus ernährungsphysiologischer (Fettzugabe, Verdaulichkeit usw.) und küchentechnischer Sicht. Weiter werden Merkregeln zur Herstellung des Teiges und die typische Verwendung in der Küche beschrieben.

Die einzelnen Punkte auf der Rückseite der Gruppenkarten sind mit Symbolen versehen:

Beurteilung aus ernährungsphysiologischer und küchentechnischer Sicht

Praktische Tipps zur Herstellung des Teiges

Typische Gebäcke

Begleitheft mit Kopiervorlagen

Das Begleitheft beinhaltet zu jedem Teig verschiedene Arbeitsblätter als Kopiervorlagen zu Arbeitstechniken und Rezepten, Differenzierungsmaterial sowie einen Steckbrief zur Beurteilung des Teiges; damit werden die Grundtechniken systematisch eingeschult.

Alle Arbeitsblätter beinhalten nach der Arbeitsanweisung sogenannte Textbausteine, z. B. [Verwende Topfhandschuhe!]. Hiermit können die Schüler den Text oder die Merkregeln ergänzen. So können die Arbeitsblätter in mehreren Schularten und Leistungsstufen eingesetzt werden. Bei leistungsstarken Schülern können Sie die Textbausteine einfach ausschneiden oder beim Kopieren abdecken.

Außerdem finden Sie im Begleitheft sämtliche Arbeitsschritte zu den Bildkarten als Wortkarten, die vergrößert werden können, z. B. [Eier trennen], [Eiklar steif schlagen], die Sie parallel zur Bildkarte verwenden können. Die Wortkarten können zum einen zur Begriffsbildung als auch zur Sicherung an der Tafel verwendet werden.
Zu jedem Teig gibt es ein Arbeitsblatt „Teste dein Wissen!“, das bei jedem Baustein anders konzipiert ist, z. B. durch Ankreuzfragen, Rätsel usw. Für alle Arbeitsblätter „Teste dein Wissen!“ finden Sie ab S. 30 die Lösungen. Sie können zur Kontrolle im Klassenverband oder zur Selbstkontrolle der Schüler verwendet werden.

Einsatzmöglichkeiten der Bildkartei im Unterricht

Erarbeiten von Arbeitstechniken

- *Gruppenkarte Vorderseite*
  (Einzelarbeit/Partnerarbeit/Gruppenarbeit)
  Die Schüler sehen hier die benötigten Lebensmittel in der richtigen Menge und können benennen, um welchen Teig es sich handelt (z. B. Hefeteig). So können auch verschiedene Teige miteinander verglichen und ihre Inhaltsstoffe bewertet werden.
- *Gruppenkarte Rückseite*
  (Einzelarbeit/Partnerarbeit/Gruppenarbeit)
  Mithilfe der Arbeitsschritte auf der Rückseite lernen Ihre Schüler, die Abfolge zu erkennen und zu benennen. Weiterhin erhalten sie Informationen zur Beurteilung der Teige, küchentechnische Merkregeln und Verwendungsbeispiele in der Küche.

Sicherung

- *Unmittelbar nach dem Erlernen der Arbeitstechnik*
  Die einzelnen Bildkarten können nach der Demonstration des jeweiligen Arbeitsvorgangs von den Schülern genau betrachtet und in der richtigen Reihenfolge sortiert werden.
  Die Bildkarteien eignen sich ebenfalls hervorragend zur Sicherung des Gelernten an der Tafel. So kann der Schüler sie in der Schülerpraxis immer wieder betrachten. Zusätzlich können auch die Wortkarten vergrößert und ebenfalls an die Tafel gehängt werden.
- *Auffrischen der Grundteige*
  Wurde ein Teig eingeschult und ist dieser in folgenden Unterrichtseinheiten bei den Schülern nicht mehr ganz präsent, so können zur Auffrischung die Gruppenkarte oder auch die Fotokarten herangezogen werden.

Veranschaulichung

Die Bildkarten „Backen" zeigen jeden einzelnen Arbeitsschritt der Teigherstellung. Der Schüler kann anhand der Fotos die wesentlichen Arbeitsschritte ersehen und auf seine Arbeit übertragen. Hierzu sind auch nur die wichtigsten Merkmale abgebildet, sodass der Schüler nicht verwirrt wird.

Differenzierung

Leistungsstärkere Schüler können sich mit der Gruppenkarte neues Wissen aneignen oder auch schon im Vorfeld neues Wissen über Teige erlernen, die sie dann im Plenum der Gruppe vorstellen.
Leistungsschwächere Schüler können mithilfe der Gruppenkarte die einzelnen Arbeitsschritte nochmals verinnerlichen und diese dann bei ihrem Rezept anwenden.

Aufbewahrung der Fotokarten

Zur längeren Haltbarkeit sind die Bildkarten auf beschichtetem Papier gedruckt, welches abwaschbar und wasserabweisend ist. Daher ist ein Einsatz bei praktischen Vorarbeiten und an der Tafel ohne Probleme möglich. Es empfiehlt sich, die Bildkartei „Backen für Anfänger" in einer stabilen Box für DIN-A5-Karten aufzubewahren, damit keine Karten verloren gehen oder beschädigt werden.

Besitzen Sie weitere Bildkarteien aus der Reihe „Hauswirtschaft in Bildern", so können Sie alle Fotokarten gemeinsam in einem Karteikasten aufbewahren.
Boxen für die Größe DIN A5 sind in verschiedenen Ausführungen erhältlich, z. B. aus Kunststoff oder Holz.
Je nach Ausführung sind die Kästen/Hüllen im Preis sehr unterschiedlich. Hier einige Beispiele:

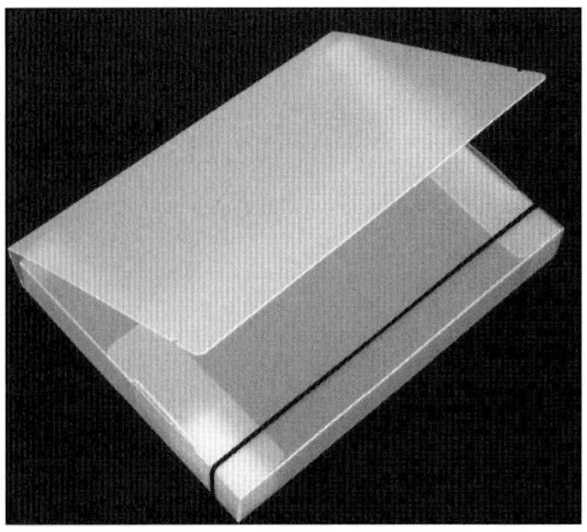

Heftsammelbox aus Kunststoff
Preis: ca. 2 €

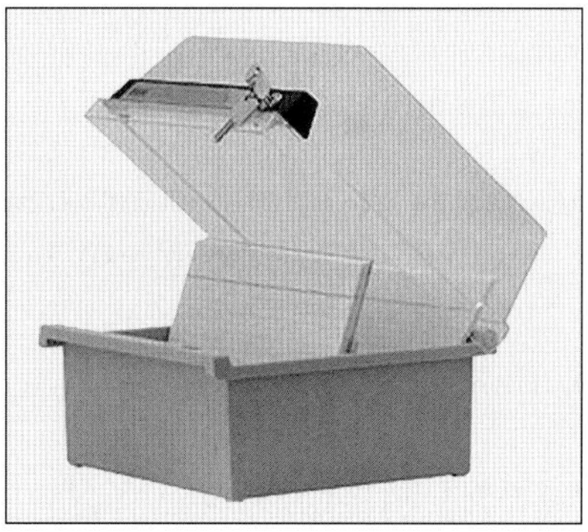

Hersteller HAN
Karteikasten aus Kunststoff
Preis: ca. 10 €

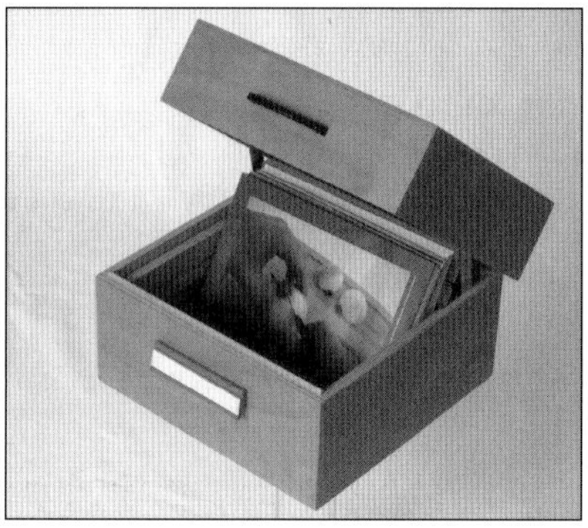

Hersteller HAN
Karteikasten aus Holz
Preis: ca. 40 €

Aufgabe zum Bewerten der Teige

Hinweise für die Herstellung

- Kopiervorlage auf Tonpapier kopieren und laminieren, so kann sie mehrere Male verwendet werden.

Hinweise zum Einsatz

- Für die Bearbeitung dieser Aufgabe benötigen die Schüler die Gruppenkarte des jeweiligen Teiges.
- Einsatz bei der Erarbeitung, Sicherung oder Gesamtzusammenfassung, zur Differenzierung
- Als Partner-, Einzel- oder Gruppenarbeit einsetzbar

Aufgabe:

Wir bewerten den Teig ______________________________

☒ Kreuze Zutreffendes an!

Triebmittel/ Lockerungsmittel	☐ Hefe	☐ Luft	☐ Backpulver
Fettgehalt	☐ gering	☐ mittel	☐ hoch
Zuckergehalt	☐ gering	☐ mittel	☐ hoch
⇨ Energiegehalt	☐ kalorienarm	☐ kalorienreich	
Zeitaufwand	☐ schnelle Zubereitung	☐ aufwendige Zubereitung	☐ Wartezeit nötig!

Wortkarten zu den Schritt-für-Schritt-Fotokarten

Hinweise für die Herstellung der Wortkarten

- Kopiervorlage auf DIN A3 vergrößern
  Auf farbiges Tonpapier kopieren und laminieren
  Tipp: Verwenden Sie die gleiche Farbe, in der auch die dazugehörenden Fotokarten umrandet sind.

Hinweise zum Einsatz der Fotokarten

- Die Schüler können die Wortkarten den Fotos zuordnen.
- Sie können die Wortkarten bei der Tafelanschrift sowie in Gruppenarbeiten und zur Sicherung einsetzen.

Tipp: Kopieren Sie die Wortkarten zum Mürbteig auf rotes Tonpapier.

1. Zutaten mit Teigkarte hacken

2. Teig kneten

3. Teig ausrollen

4. Teig verarbeiten

Tipp: Kopieren Sie die Wortkarten zum Rührteig auf dunkelblaues Tonpapier.

1. Schaummasse rühren | 3. Teig einfüllen

2. Trockene Zutaten und Milch unterrühren

Tipp: Kopieren Sie die Wortkarten zum Biskuitteig auf gelbes Tonpapier.

1. Eiweiß steif schlagen | 2. Zucker zugeben

3. Eigelb zugeben | 4. Gesiebtes Mehl unterheben

Tipp: Kopieren Sie die Wortkarten zum Blätterteig auf orangefarbiges Tonpapier.

1. Teigplatte schneiden und mit Eiklar bestreichen

2. Taschen füllen und schließen

3. Taschen mit Eigelb bestreichen

Tipp: Kopieren Sie die Wortkarten zum Quark-Öl-Teig auf hellgrünes Tonpapier.

1. Zutaten verrühren (Quark, Öl, Milch, Ei, Salz, Zucker)

2. Gesiebtes Mehl und Backpulver zugeben, kneten

3. Teig ausrollen | 4. Teig verarbeiten

Tipp: Kopieren Sie die Wortkarten zum Hefeteig auf dunkelgrünes Tonpapier.

1. Vorteig/Dämpferl herstellen | 2. Teig kneten

3. Teig gehen lassen | 4. Teig verarbeiten

Tipp: Kopieren Sie die Wortkarten zum Brandteig auf hellblaues Tonpapier.

1. Wasser, Salz und Butter kochen

2. Mehl zugeben und abbrennen | 3. Eier unterrühren

Tipp: Kopieren Sie die Wortkarten zum Strudelteig auf violettes Tonpapier.

1. Teig kneten | 2. Teig schlagen | 3. Teig ruhen lassen

4. Teig ausziehen | 5. Strudel füllen und rollen

6. Strudel mit flüssiger Butter bestreichen

Domino „Backen für Anfänger“

Hinweise für die Herstellung

- Kopiervorlage auf DIN A3 vergrößern
- Auf Tonpapier kopieren und laminieren
- Jedes Domino getrennt in einem Umschlag oder in einer Schachtel aufbewahren

Spielanleitung

Man beginnt mit einem Startstein. Nun muss man den passenden Textstein zu dem Bild finden und danebenlegen. Der letzte Stein muss der Endstein sein.

Hinweise zum Einsatz

- Einsatz als Gesamtzusammenfassung
- Einsatz in offenen Unterrichtsphasen

1. Domino „Teige“

Start

Mürbteig

300– 400 g	Mehl
1 Msp.	Backpulver
200 g	Butter
100 g	Zucker
1	Ei
1 Pr.	Salz

Quark-Öl-Teig (süß)

150 g	Quark
2 EL	Milch
75 g	Zucker
1	Ei
6 EL	Öl
1 Pr.	Salz
300 g	Mehl
1 P.	Backpulver

Quark-Öl-Teig (pikant)

150 g	Quark
2 EL	Milch
1	Ei
6 EL	Öl
1 Pr.	Salz
300 g	Mehl
1 P.	Backpulver

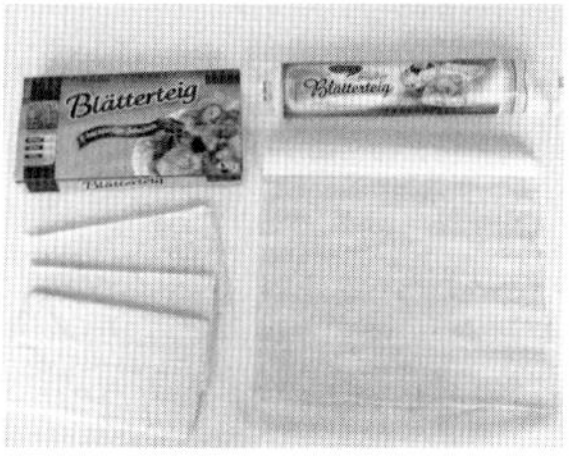

Blätterteig

- aus dem Kühlregal
- aus der Tiefkühltruhe

Echter Biskuit

1	Ei
25 g	Zucker
30 g	Mehl
1 Pr.	Salz

Strudelteig

250 g	Mehl
1 Pr.	Salz
1–2 EL	Öl
1	Ei
ca. ⅛ l	Wasser

Rührteig

250 g	Butter
4	Eier
250 g	Zucker
500 g	Mehl
1 P.	Backpulver
¼ l	Milch
1 Pr.	Salz

Hefeteig süß

500 g	Mehl
20 g	Hefe
ca. ¼ l	Milch
50 g	Butter
50 g	Zucker
1–2	Eier
1 Pr.	Salz

Brandteig

¼ l	Wasser
1 Pr.	Salz
50 g	Butter
150 g	Mehl
4	Eier
1 Msp.	Backpulver

Ende

2. Domino „Backwaren“

Start

Mürbteig

Quark-Öl-Teig süß

Quark-Öl-Teig pikant

Blätterteig

Biskuitteig

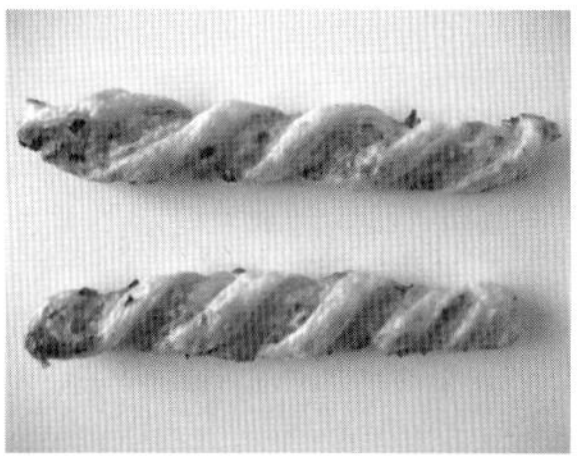

Blätterteig

Hefeteig

Strudelteig

Rührteig

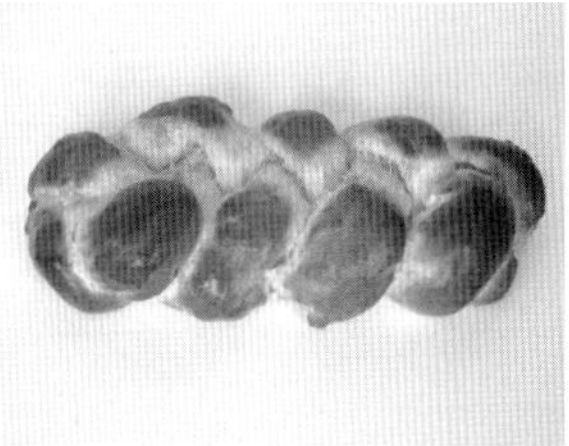

Hefeteig

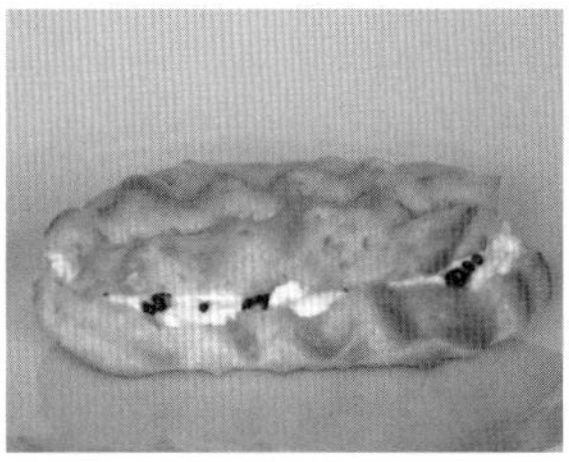

Brandteig

Rührteig

Brandteig

Ende

3. Domino „Backformen und Zubehör“

 Start		Springform	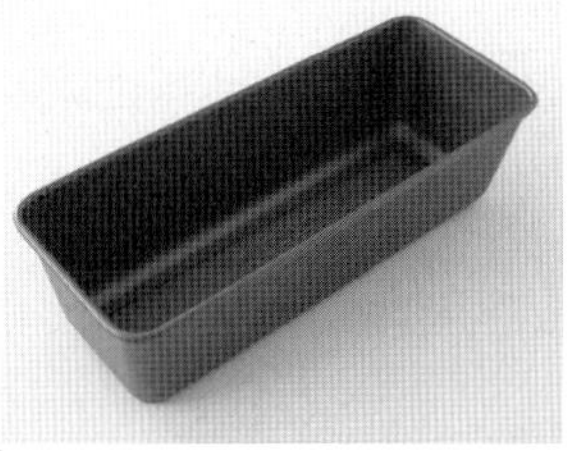
Kastenform		Backblech	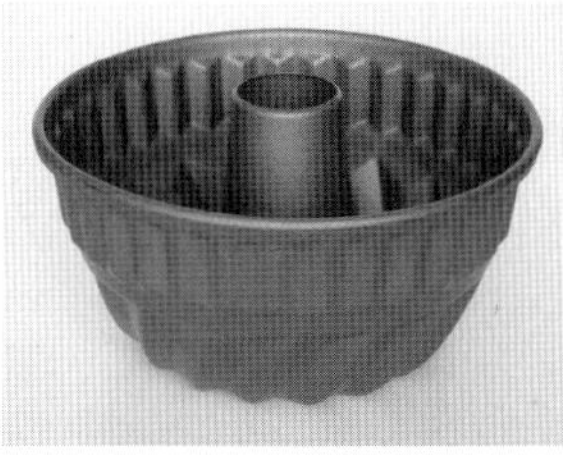
Gugelhupf-form/Napf-kuchenform		Muffinblech	
Obstkuchen-form		Pieform	
Pinsel		Teigschaber	
Palette		Schneebesen	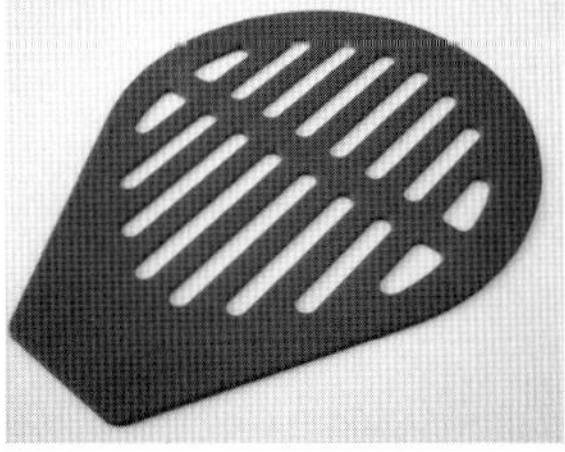
Kuchenretter	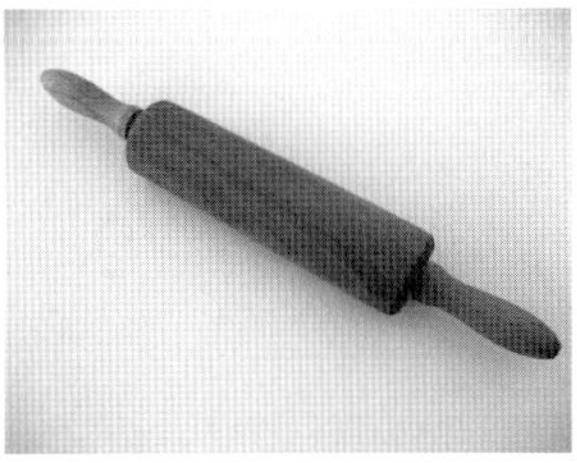	Nudelholz	 Ende

Hinweise zum Einsatz der Arbeitsblätter

- Sowohl das Arbeitsblatt zur Technik als auch das „Teste dein Wissen!"-Arbeitsblatt können in vielen verschiedenen Phasen des Unterrichts eingesetzt werden, z. B. als Gesamtzusammenfassung, zur Differenzierung oder als Hausaufgabe.
- Die Textbausteine auf den Arbeitsblättern zur Technik erleichtern Schülern das selbstständige Ausfüllen.
- Die Lösungen für die Wissensarbeitsblätter ermöglichen den Schülern eine eigenständige Kontrolle. Sie finden die Lösungen auf den Seiten 30–32.
- Die Aufgabenkarte auf dieser Seite kann für Gruppen- und Partnerarbeiten eingesetzt werden, evtl. in Verbindung mit dem Steckbrief auf Seite 7.
  Ebenso wäre die Aufgabe kombiniert mit der Gruppenkarte als Grundlage für ein Referat einsetzbar.

Aufgabenkarte

Material:
- Gruppenkarte
- Steckbrief

Weißt du Bescheid über diesen Teig? ____________

1. Das Grundrezept:
   ____
   ____
2. Triebmittel/Lockerungsmittel: ____________________
   ____
3. Beurteile die Inhaltsstoffe des Teiges:
   ____
4. Zähle die Arbeitsschritte in der richtigen Reihenfolge auf:
   ____
   ____
   ____
   ____
5. Was ist bei der Teigherstellung zu beachten?
   ____
   ____
6. Sind bei der Teigherstellung Wartezeiten einzuplanen?
   ☐ Nein ☐ Ja, ____________________
   ____
7. Nenne zwei typische Rezepte für diesen Teig:
   ____

Name:	Klasse:	Datum:	Fach:	Nr.:

Was benötige ich zum Backen?

Ergänze die Namen!

Kurzzeitwecker | Pinsel zum Einfetten | Springform | Obstkuchenform | Kuchenretter | Kastenform | Tortenring | Pieform | Kranzform | Palette | Muffinblech | Backblech | Gugelhupfform/Napfkuchenform | Gitter

Backformen			

Zubehör			
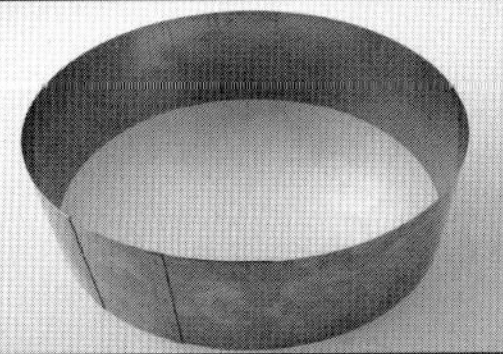		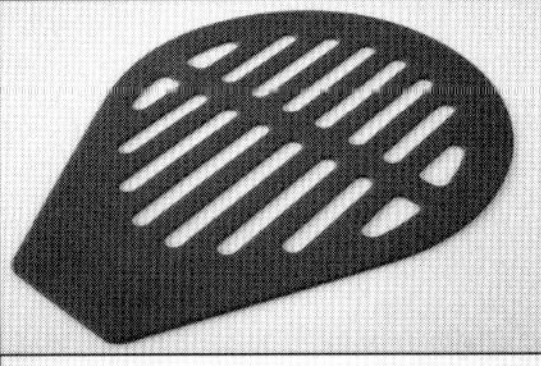	
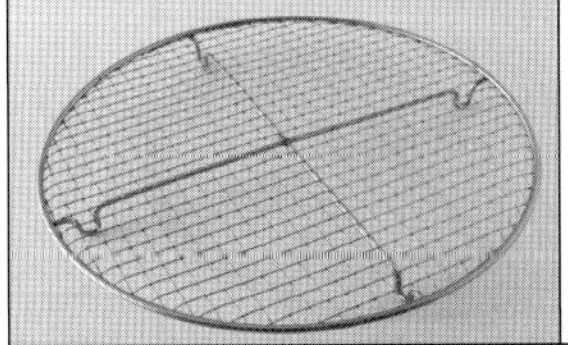			
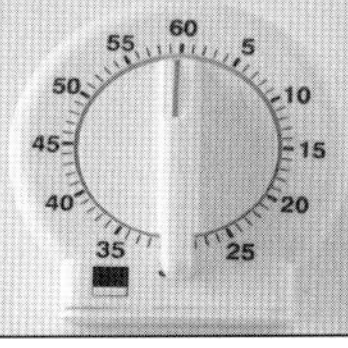			

Name:	Klasse:	Datum:	Fach:	Nr.:

Was benötige ich für die Teigherstellung?

Ergänze die Namen !

Backbrett | Nudelholz | Teigkarte | Elektronische Waage | Teigschaber | Rührschüsseln | Mehlsieb | Spritzbeutel | Teigrädchen | Schneebesen | Handrührgerät mit Rührbesen | Handrührgerät mit Knethaken | Messbecher | Mechanische Waage

Geräte und Arbeitsbesteck			
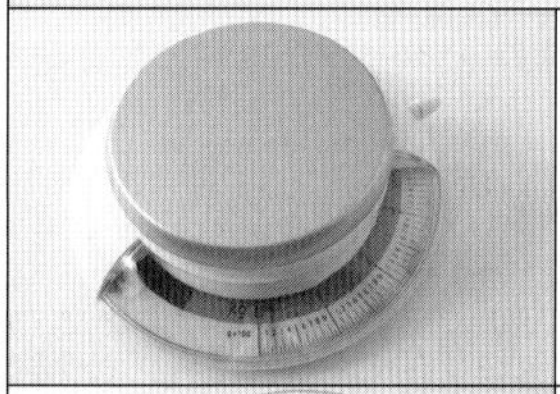	______ ______	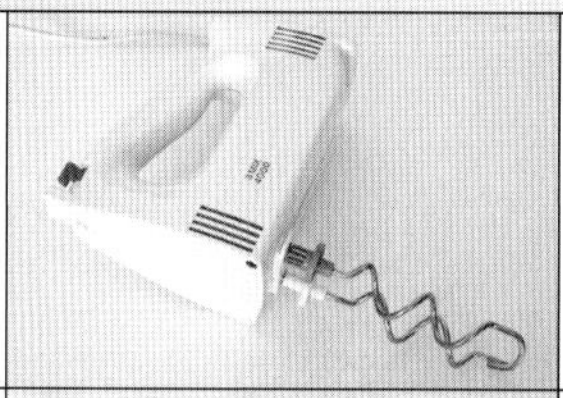	______ ______
	______ ______	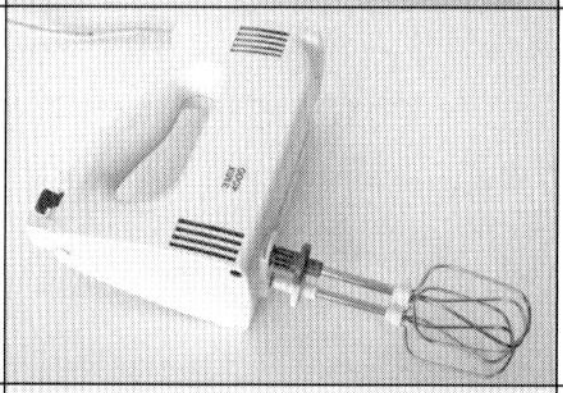	______ ______
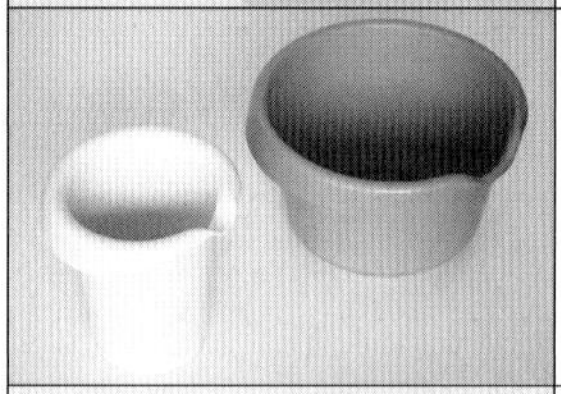	______ ______	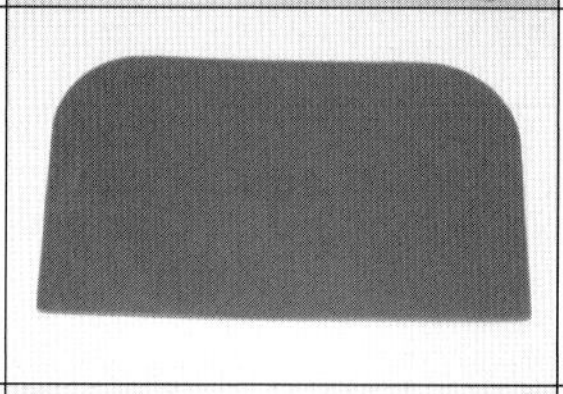	______ ______
	______ ______	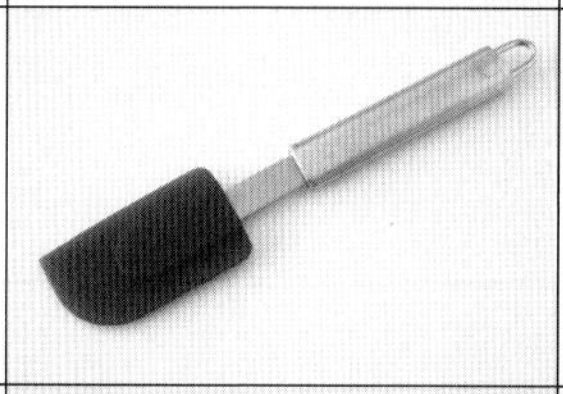	______ ______
	______ ______	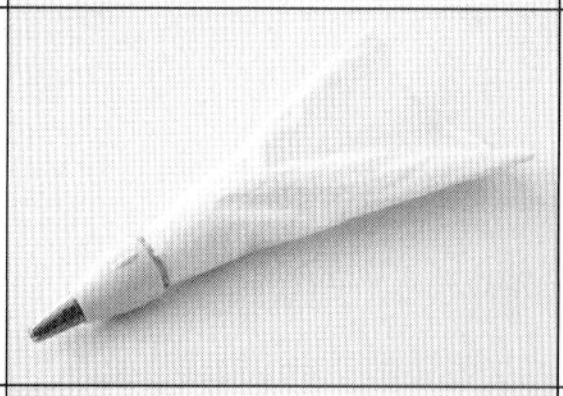	______ ______
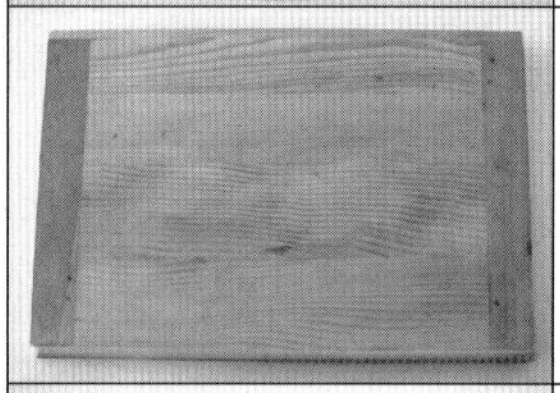	______ ______	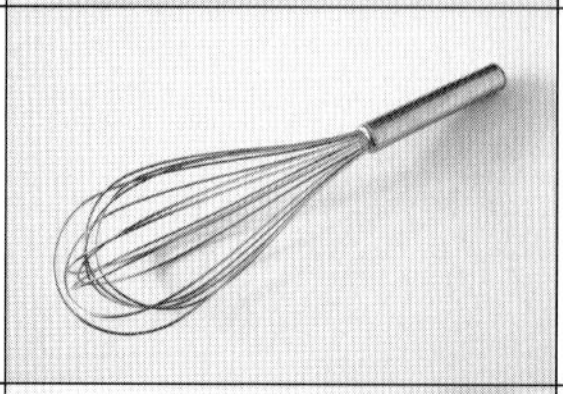	______ ______
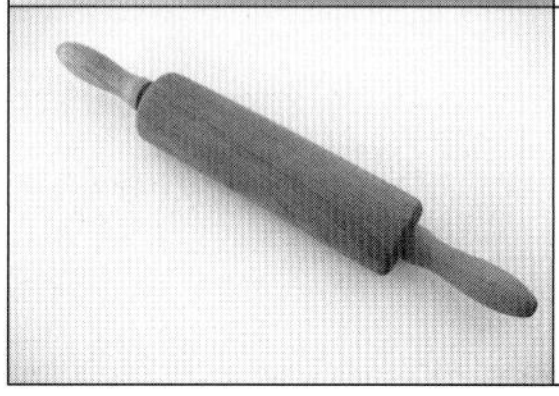	______ ______	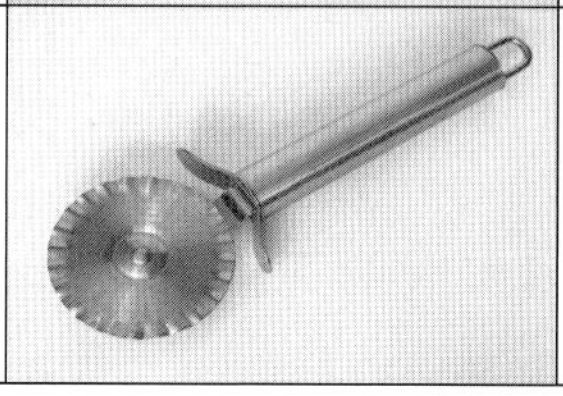	______ ______

Name:	Klasse:	Datum:	Fach:	Nr.:

Der Mürbteig

Grundrezept Mürbteig		
Verhältnis	**Menge**	**Zutaten**
3–4 Teile	**300–400 g**	**Mehl**
	1 Msp.	Backpulver
2 Teile	**200 g**	**Butter**
	1 Pr.	Salz
1 Teil	**100 g**	**Zucker**
	1	Ei

Ergänze die rechte Spalte!

Backbrett mit Mehl bestäuben!

… kalt gestellt werden! | Plätzchen | … der Teig nicht an den Händen klebt!

Arbeitsschritte (gehackter Mürbteig):	**Beachte:**
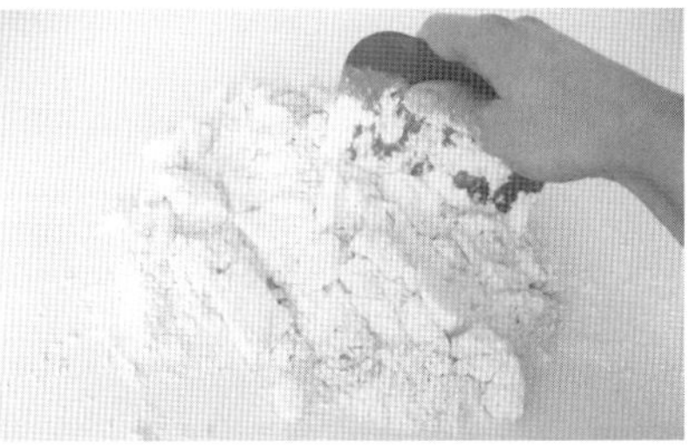 **1. Teig mit Teigkarte hacken**	Bei der Herstellung des gehackten Mürbteiges muss kalte Butter/Margarine verwendet werden, damit … ____________ ____________
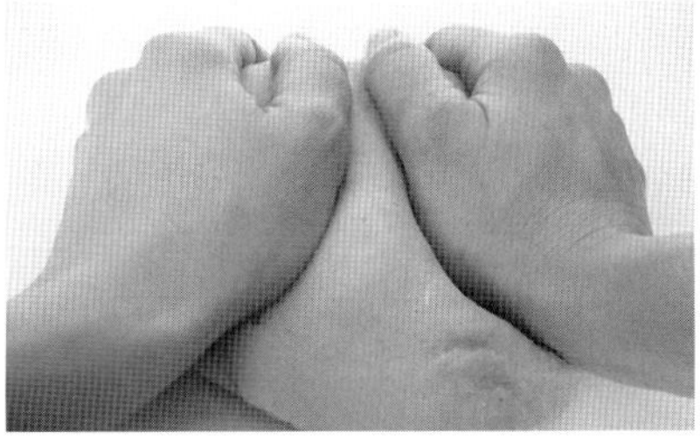 **2. Teig kneten**	Mürbteig nur kurz mit kalten Händen kneten. Nach dem Kneten muss der Mürbteig … ____________ ____________
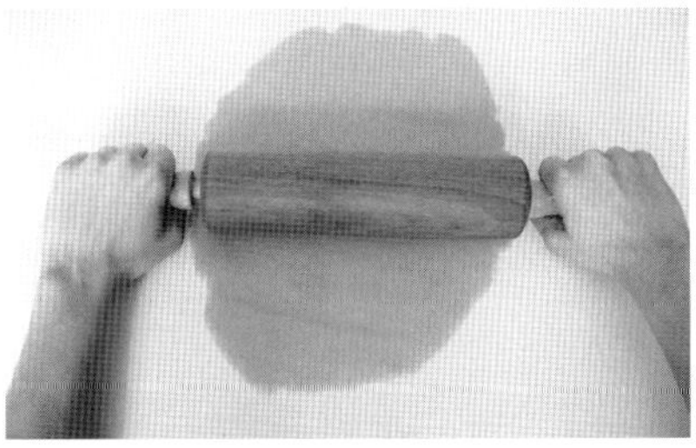 **3. Teig ausrollen**	Damit der Teig nicht klebt, … ____________ ____________
4. Teig verarbeiten	z. B. **Kleingebäck** (____________, Käsegebäck), **Kuchenboden** (Käsekuchen, Obstkuchen)

Name:	Klasse:	Datum:	Fach:	Nr.:

Teste dein Wissen über den Mürbteig!

Ergänze das Rätsel!
Tipp: Streiche die verwendeten Wörter und Wortteile durch!

Back-	hohen	-reich	klebt	-boden
Plätzchen	mürber	Mehl	Kuchen-	
-pulver	Händen	hohen	kalorien-	

1. Welches Triebmittel kann bei Mürbteig verwendet werden?

____

2. Mürbteig hat sowohl einen sehr ____________ Zuckergehalt als auch einen sehr ____________ Fettgehalt. Deshalb ist er sehr ____________ .

3. Warum sollte man kalte Butter verwenden und den Mürbteig vor der Verarbeitung 30 Minuten kalt stellen?

Damit er nicht so an den ____________ ____________.

4. Je größer die Buttermenge, desto ____________ ist die Beschaffenheit.

5. Nenne 2 typische Verwendungsmöglichkeiten von Mürbteig!

____________ ____________

6. Welche Zutat im Grundrezept entspricht 3–4 Teilen? ____________

Lösung S. 30

Name:	Klasse:	Datum:	Fach:	Nr.:

Der Rührteig (Rührmasse)

Grundrezept Rührmasse	
Menge	**Zutaten**
250 g	Butter
250 g	Zucker
4	Eier
1 Pr.	Salz
500 g	Mehl
1 P.	Backpulver
¼ l	Milch
	Geschmackszutaten nach Wahl

Ergänze die rechte Spalte!

Backform mit Backpapier auskleiden oder fetten, evtl. mehlen!

Teig muss zähflüssig sein!

Zucker darf nicht mehr knirschen!

Arbeitsschritte (Rührteig):	**Beachte:**
 **1. Backform vorbereiten**	Damit sich das Backgut nach dem Backen leichter löst, ____________ ____________
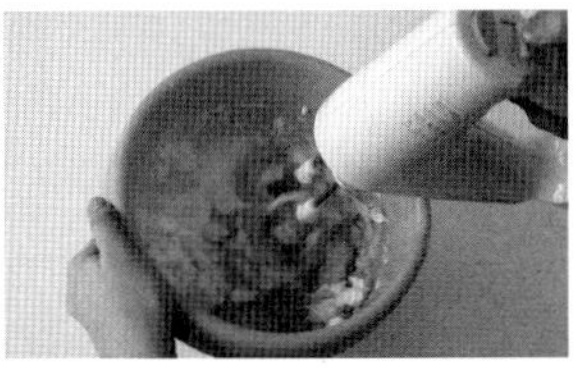 **2. Schaummasse rühren**	Butter, Zucker und Eier müssen sich gut miteinander verbunden haben. ____________ ____________
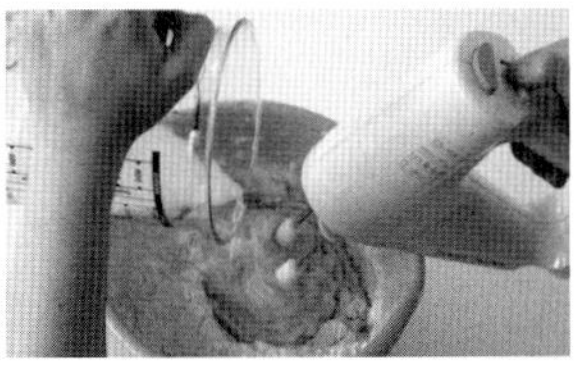 **3. Trockene Zutaten, Milch und Geschmackszutaten zugeben**	Beschaffenheit des Teiges darf nicht zu flüssig oder fest sein. ____________ ____________
4. Teig einfüllen und backen	Die Zeitangabe in Rezepten ist immer nur eine ungefähre Angabe, d. h. der Kuchen kann früher oder später fertig sein! ⇨ Hölzchenprobe

Name:	Klasse:	Datum:	Fach:	Nr.:

Teste dein Wissen über den Rührteig!

Trage jeweils den richtigen Buchstaben in das Kästchen ein!

Lösung

1. Welche Zutat ist eine Geschmackszutat beim Grundrezept Rührteig?

A	B	C
Butter	Mehl	Schokostreusel

2. Warum müssen Backformen vor dem Einfüllen des Teiges vorbereitet werden?

A	B	C
Damit der Kuchen besser schmeckt.	Damit sich das Backgut besser aus der Form löst.	Damit man ihn besser einfüllen kann.

3. Der Rührteig ist ein sehr bekannter Teig. Wie wird er in manchen Backbüchern oder Rezepten noch genannt?

A	B	C
Rührmasse	Knetteig	Biskuitteig

4. Welche Einsätze des Handrührgerätes verwendest du zum Herstellen eines Rührteiges?

A	B	C
Knethaken 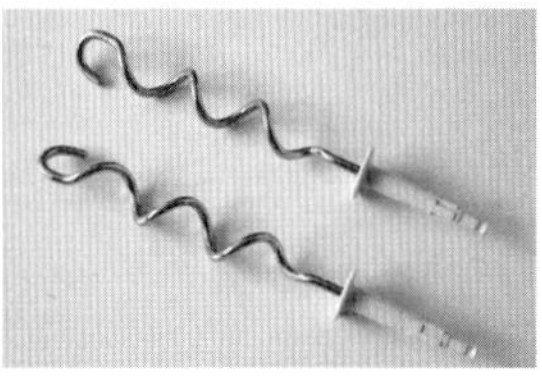	Püriereinsatz 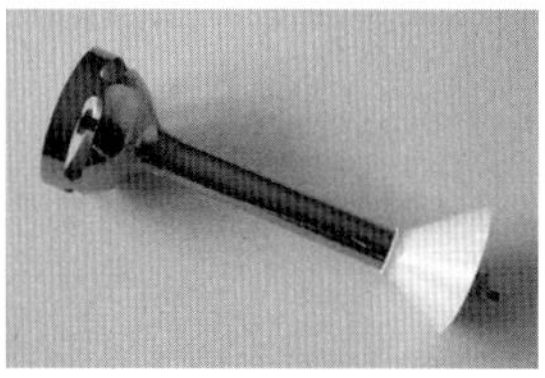	Rührbesen 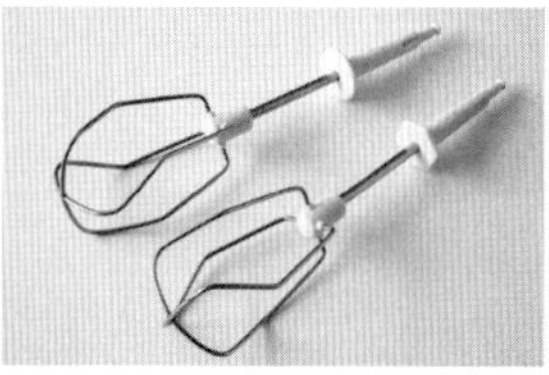

5. Wann ist ein Rührkuchen fertig gebacken? Wenn am Hölzchen (Spieß) …

A	B	C
keine Teigreste mehr haften.	noch Teigreste haften.	nur wenige Teigreste haften.

6. Warum darf man beim Backen des Rührteiges den Backofen nicht öffnen?

A	B	C
Weil der Backofen sonst ausgeschaltet ist.	Weil das Backgut dann verbrennen kann.	Weil das Backgut sonst zusammenfallen kann.

Lösung S. 30

Name:	Klasse:	Datum:	Fach:	Nr.:

Der Biskuitteig (Biskuitmasse)

Grundrezept Wasserbiskuit	
Menge	**Zutaten**
1	Ei
1 EL	Wasser
40–50 g	Zucker
40–50 g	Mehl
1 Pr.	Backpulver
1 Pr.	Salz

Grundrezept Echter Biskuit	
Menge	**Zutaten**
1	Ei
25–30 g	Zucker
25–30 g	Mehl
1 Pr.	Salz

Wasser-biskuit

Echter Biskuit

Ergänze die Arbeitsschritte!

Zucker langsam zugeben! | Backform vorbereiten! | Eier trennen!

Eiweiß steif schlagen! | Mehl sieben und unterheben! | Eigelb zugeben!

Arbeitsschritte:

1. ______________________________

Verwende Backpapier für den Boden. Der Rand darf nicht gefettet werden.

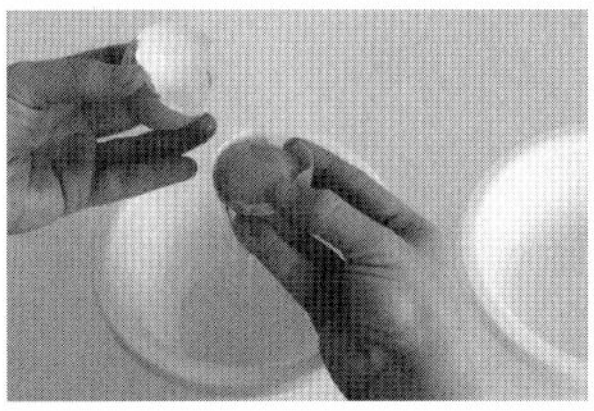

2. ______________________________

Es darf kein Eigelb zum Eiweiß gelangen, sonst wird der Eischnee nicht steif.

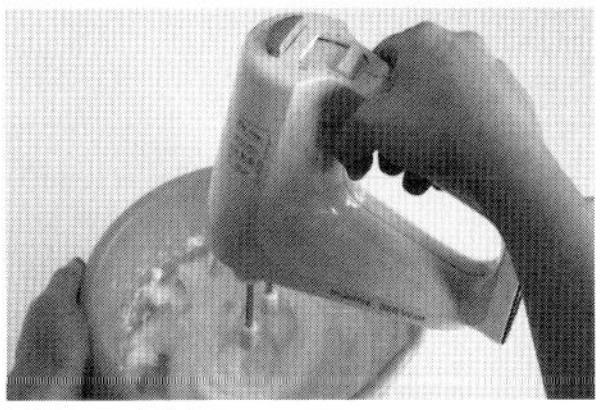

3. ______________________________

Der Eischnee muss schnittfest sein, evtl. Schnittprobe machen.

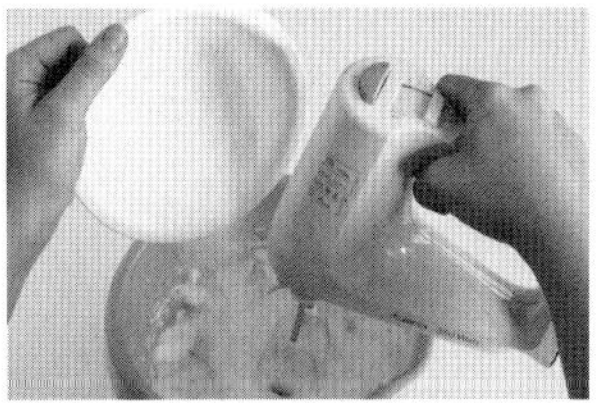

4. ______________________________

Zucker nach und nach zugeben. Er darf nicht mehr knirschen.

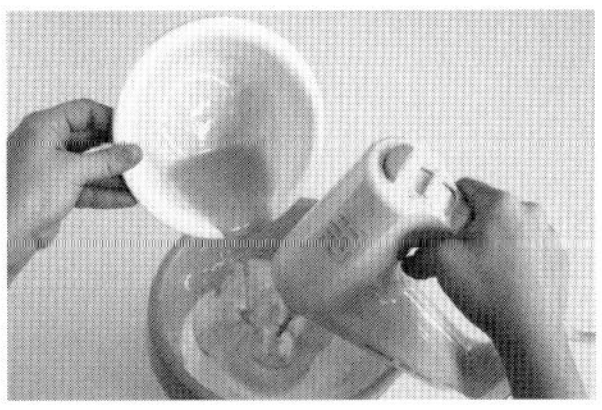

5. ______________________________

Eigelb kurz auf niedriger Stufe unterrühren.

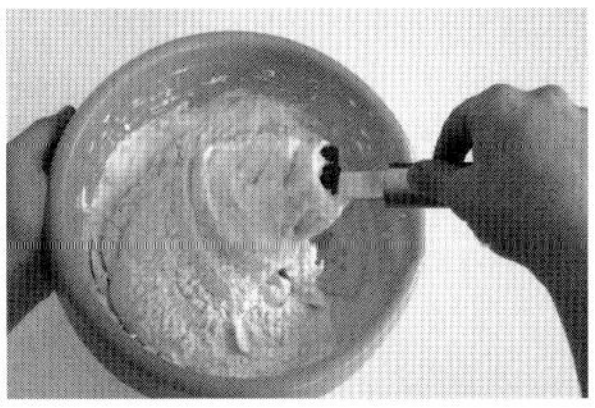

6. ______________________________

Vorsichtig unterheben, damit der Teig nicht zusammenfällt. Teig einfüllen und backen.

Name:	Klasse:	Datum:	Fach:	Nr.:

Teste dein Wissen über den Biskuitteig!

Trage den richtigen Buchstaben in das Kästchen ein!

1. Der Biskuitteig ist … — **Lösung**

A	B	C
kalorienarm.	mäßig kalorienreich.	sehr kalorienreich.

2. Wofür eignet sich der Biskuitteig besonders?

A	B	C
Sahnerolle	Windbeutel	Rührteigkuchen

3. Woran kann man erkennen, ob der Eischnee steif geschlagen ist?

A	B	C
Farbprobe	Stäbchenprobe	Schnittprobe

4. Welche Einsätze des Handrührgerätes verwendest du zum Herstellen eines Biskuitteiges?

A	B	C
Knethaken 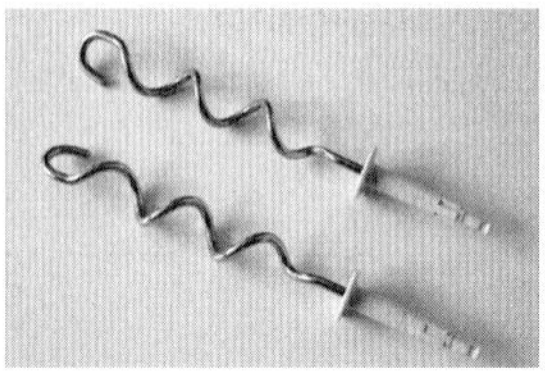	Püriereinsatz 	Rührbesen 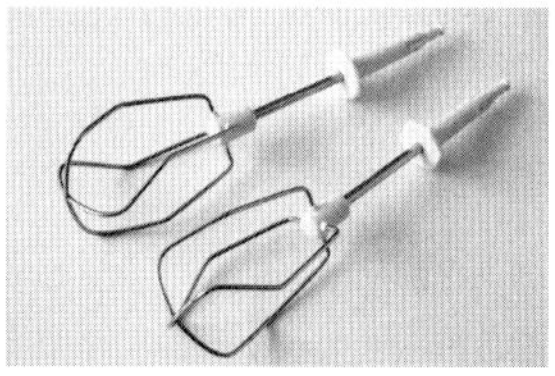

5. Worauf musst du beim Trennen der Eier achten?

A	B	C
Dass die Schale des Eies nicht zerbricht.	Dass kein Eigelb zum Eiweiß gelangt.	Dass das Eigelb zum Eiweiß gelangt.

6. Wie wird der Biskuitteig in Fachbüchern noch genannt?

A	B	C
Biskuitmasse	Eierteig	Rührmasse

Lösung S. 30

Name:	Klasse:	Datum:	Fach:	Nr.:

Der Blätterteig (Fertigprodukt)

Ergänze die rechte Spalte!

Füllmasse vorher einteilen!

Eigelb vorher verquirlen!

Blätterteig gründlich mit Eiklar bestreichen!

Arbeitsschritte:	Beachte:
 **1. Blätterteig schneiden und mit Eiklar bestreichen**	Eiklar dient als Klebemittel, damit die Gebäckform erhalten bleibt. ____________________ ____________________
 **2. Taschen füllen und schließen**	Die Füllmasse soll für alle Gebäckstücke reichen. ____________________ ____________________
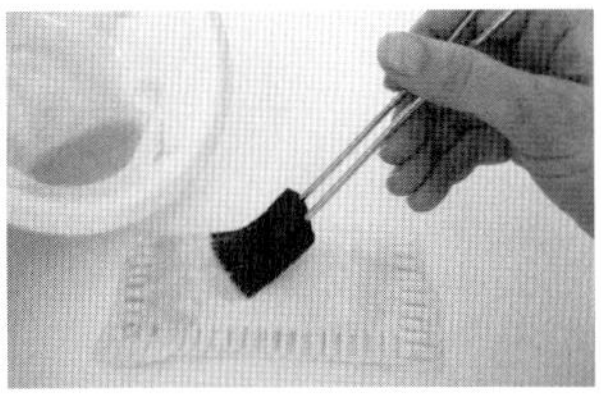 **3. Taschen mit Eigelb bestreichen**	Durch das Bestreichen mit Eigelb erhält der Blätterteig seine typische Bräunung. ____________________ ____________________

Teste dein Wissen über den Blätterteig!

Die Buchstaben sind vertauscht. Finde die richtigen Wörter.

1. Das Bestreichen mit Eiklar dient als **LETTIMLEBEK** ⇨ ____________________
2. Um eine typische Bräunung zu erhalten, bestreicht man die Oberfläche mit **GLBEIE** ⇨ ____________________
3. Wie wird Blätterteig im Supermarkt angeboten? **HLTEGKÜ** ⇨ ____________ und **GKEHTÜLTFIE** ⇨ ____________

Lösung S. 30

Name:	Klasse:	Datum:	Fach:	Nr.:

Der Quark-Öl-Teig

Grundrezept Quark-Öl-Teig süß	
Menge	**Zutaten**
150 g	Quark
6 EL	Öl
2 EL	Milch
1	Ei
75 g	Zucker
1 Pr.	Salz
300 g	Mehl
1 P.	Backpulver

Grundrezept Quark-Öl-Teig pikant	
Menge	**Zutaten**
150 g	Quark
6 EL	Öl
2 EL	Milch
1	Ei
1 Pr.	Salz
300 g	Mehl
1 P.	Backpulver

süß

pikant

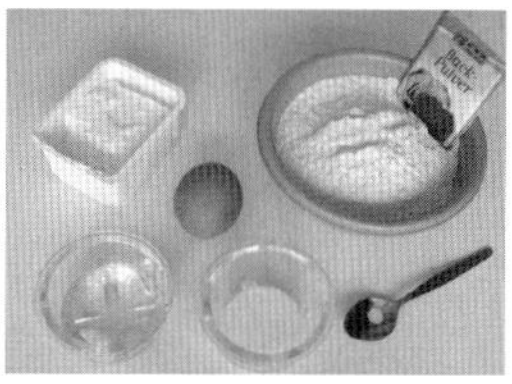

Ergänze die rechte Spalte!

… der Teig locker wird. | Pizza | Quark auftropfen lassen oder auspressen! | Arbeitsplatte und Nudelholz mit Mehl bestäuben! | Apfelkuchen

Arbeitsschritte:	Beachte:
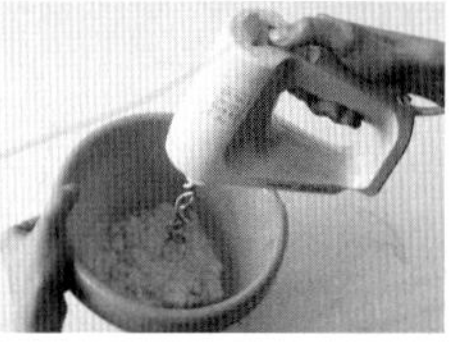 **1. Zutaten gut verrühren**	Wenn der Quark zu feucht ist, wird der Teig zu weich! ____________________
 **2. Gesiebtes Mehl und Backpulver zugeben und verkneten**	Das Sieben von Mehl und Backpulver bewirken, dass … ____________________
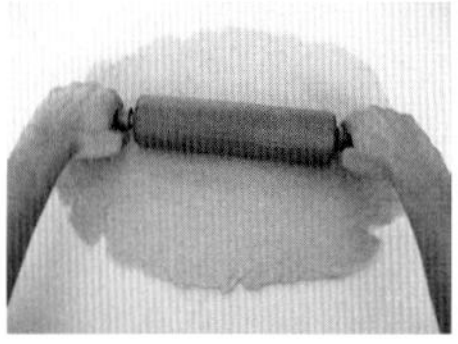 **3. Teig ausrollen**	Der Teig soll nicht auf der Arbeitsplatte kleben. ____________________
4. Teig verarbeiten	**Süßes Gebäck**, z. B. ____________________ **Pikantes Gebäck**, z. B. ____________________ (ohne Zucker und Vanillezucker)

Name:	Klasse:	Datum:	Fach:	Nr.:

Teste dein Wissen über den Quark-Öl-Teig!

Beantworte die Fragen und kreuze die richtigen Antworten an.
Der Weg zeigt dir, ob deine Antwort richtig ist.

1. Welches Triebmittel wird beim Quark-Öl-Teig verwendet?

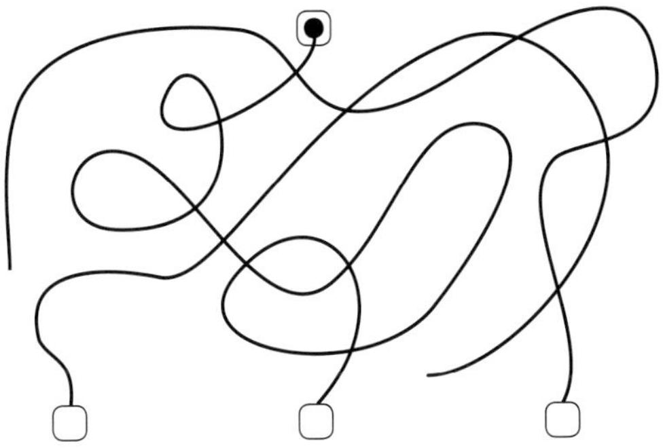

☐ **Salz** ☐ **Backpulver** ☐ **Hefe**

2. Welche Zutat ist im pikanten Quark-Öl-Teig nicht enthalten?

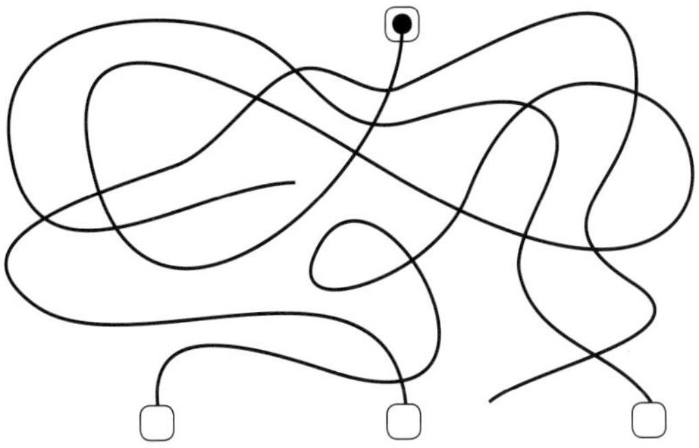

☐ **Zucker** ☐ **Öl** ☐ **Milch**

3. Quark-Öl-Teig hat wenig Fett. Deshalb ist er …

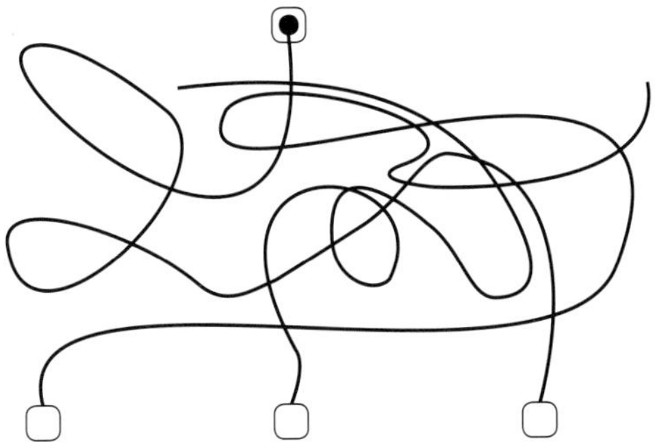

☐ **schwer bekömmlich** ☐ **kalorien-reich** ☐ **leicht bekömmlich**

4. Was bewirkt das Sieben von Mehl und Backpulver?

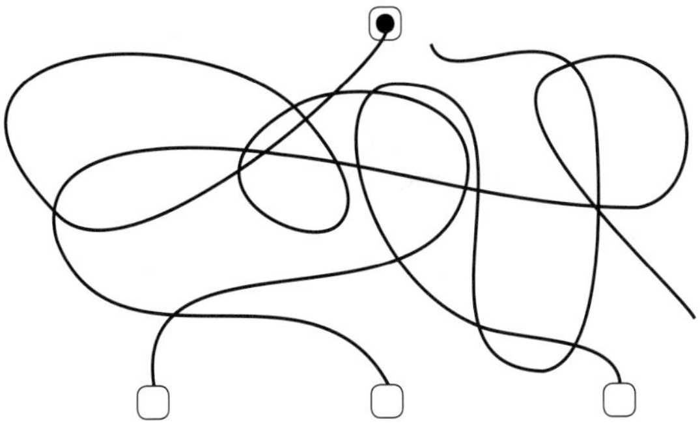

☐ **Teig-lockerung** ☐ **Teig-festigung** ☐ **Teig-gärung**

5. Für welches Gebäck eignet sich der pikante Quark-Öl-Teig?

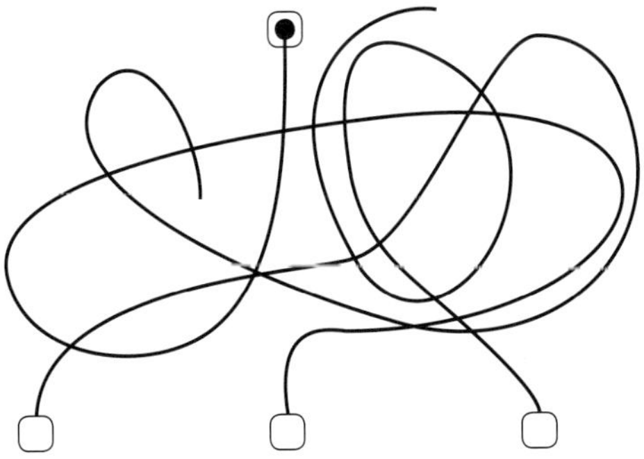

☐ **Käsekuchen** ☐ **Pizza** ☐ **Nusskuchen**

6. Die Zubereitungszeit beim Quark-Öl-Teig ist … ?

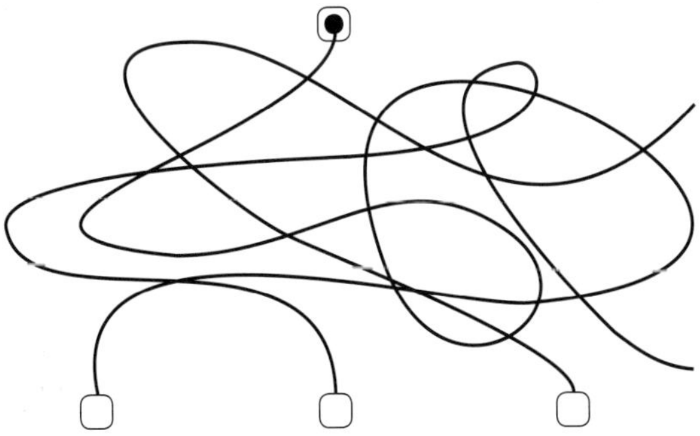

☐ **kurz** ☐ **lang** ☐ **sehr lang**

Lösung S. 31

Name:	Klasse:	Datum:	Fach:	Nr.:

Der Hefeteig

Grundrezept mittelfester Hefeteig	
Menge	**Zutaten**
500 g 20 g 1/8 – 1/4 l 1/2 TL 1 Pr.	Mehl Hefe Flüssigkeit Zucker Salz
50 – 100 g 50 – 80 g 1 – 2	Fett Zucker Eier

Ergänze die rechte Spalte!

… Fett, Salz und viel Zucker nie direkt in die Hefe geben!

Wärme | Flüssigkeit | … sauber von der Schüssel löst! | Sauerstoff | Nahrung

Arbeitsschritte:	Beachte:
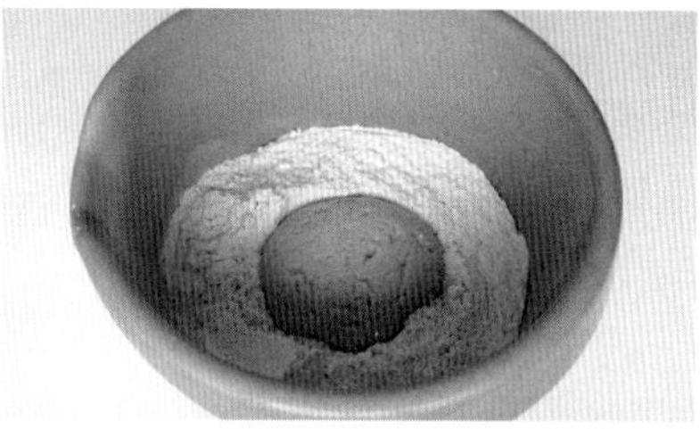 **1. Vorteig/Dämpferl**[1]	Bei schweren, fett- oder zuckerreichen Rezepten ist es günstig, einen Vorteig anzusetzen, damit die Hefezellen arbeiten können. Da sie die Hefepilze beeinträchtigen, … ______________________ ______________________
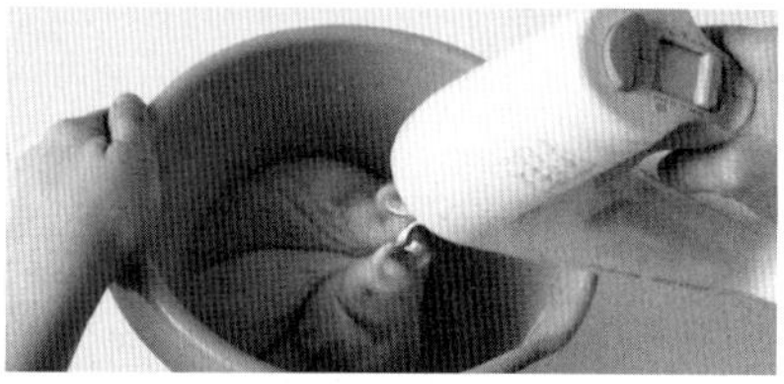 **2. Teig kneten**	Lauwarme Flüssigkeit nach Bedarf zugeben. Teig so lange kneten, bis er sich … ______________________ ______________________
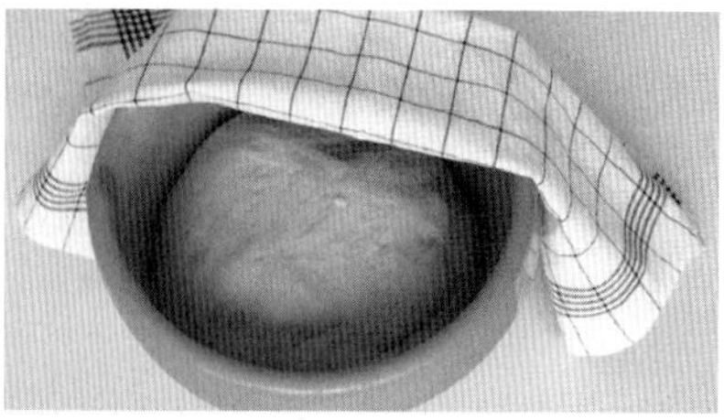 **3. Teig gehen lassen**	Hefeteig mit einem Tuch abdecken und an einem warmen, vor Zugluft geschützten Ort gehen lassen, bis er ca. doppelt so groß ist. Hefe benötigt zum Gehen: • __________ • __________ • __________ • __________
4. Teig verarbeiten (z. B. Rohrnudeln, Hefezopf, Pizza, Kleingebäck, Kuchen)	Teig kurz mit bemehlten Händen durcharbeiten und formen. Nach dem Formen noch einmal gehen lassen.

[1] Süddeutsches Wort für „Vorteig".

Name:	Klasse:	Datum:	Fach:	Nr.:

Teste dein Wissen über den Hefeteig!

Ergänze das Kreuzworträtsel und finde das Lösungswort!

Welche Aufgabe hat die Hefe im Hefeteig?

__ __ __ __ __ __ __ __ __ __ __   __ __ __ __ __ O __ __ __ __ __ __ G
1 2 3 4 5 6 7 8 9 10 11   12 13 14 15 16   17 18 19 20 21 22

❶ Welche Einsätze verwende ich beim Kneten des Hefeteiges?

❷ Das süddeutsche Wort „Dämpferl" bedeutet …

❸ Hefe benötigt Wärme. Wie soll daher die Flüssigkeit sein?

❹ Hefe benötigt Nahrung. Was gibst du deshalb zum Vorteig?

❺ Hefe benötigt Sauerstoff. Was machst du daher mit dem Mehl?

❻ Welche Zutat kann die Hefepilze beeinträchtigen und sollte daher nicht direkt in die Hefe gegeben werden?

❶	18		19					13	23
❷		3+5							
❸	4+16					20			
❹		21	9						
❺	8	14		1		22			
❻			12						
❼			11	2+7					
❽			17	10					
❾			6+15						

❼ Wie oft muss ein Hefeteig gehen? … mal

❽ Was benötigst du zum Abdecken des Teiges?

❾ Hefeteig ist sehr empfindlich. Wovor muss er geschützt werden?

Lösung S. 31

Name:	Klasse:	Datum:	Fach:	Nr.:

Der Brandteig

Grundrezept Brandteig	
Menge	**Zutaten**
¼ l	Wasser
1 Pr.	Salz
50 g	Butter
150 g	Mehl
4	Eier
1 Msp.	Backpulver

Ergänze die rechte Spalte!

Koche mit geschlossenem Deckel!

… ein weißlicher Belag am Topfboden bildet!

Eier nach und nach zugeben!

Arbeitsschritte:	**Beachte:**
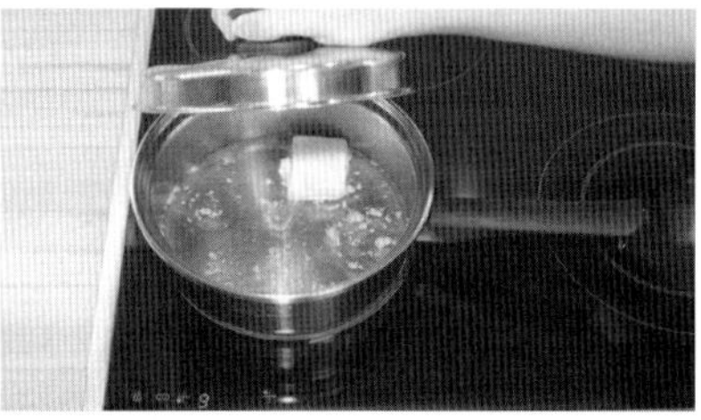 **1. Wasser, Salz und Butter kochen**	Wird Wasser zum Kochen gebracht, so verdampft es. ______________________ ______________________
 **2. Mehl zugeben und abbrennen**	Es dürfen keine Klümpchen, sondern ein schöner Teigkloß entstehen. So lange abbrennen, bis sich … ______________________ ______________________
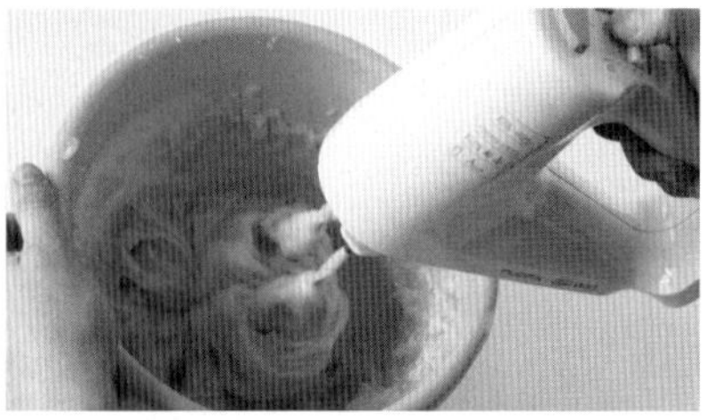 **3. Eier unterrühren**	Es muss eine einheitlich gut verbundene, glatte Masse entstehen. ______________________ ______________________
4. Teig verarbeiten	z. B. **Hohlgebäck** (Windbeutel, Eclairs, Schwäne) **Schmalzgebäck** (Strauben) **Suppeneinlage** (Profitklößchen)

Name:	Klasse:	Datum:	Fach:	Nr.:

Teste dein Wissen über den Brandteig!

Ergänze die Lücken und füge die Buchstaben unten ein!

1. Ergänze das Grundrezept Brandteig:
¼ l Wasser, 1 Pr. Salz, 50 g Butter, 150 g Mehl,
4 ___(1) ___ ___ ___, 1 Msp. Backpulver

2. Wasser, Salz und Butter im ___ ___ ___ ___(2) ___ ___ ___ ___ ___ ___ ___ ___ ___ Topf kochen!

3. Der Brandteig ist ein zucker___ ___ ___ ___ ___(3) Teig und kann deshalb mit süßer oder pikanter Füllung gefüllt werden.

4. ___ ___ ___ ___ ___(8) ___(4) ___ ___ ___ heißt der Vorgang, wenn sich am Topfboden ein weißlicher Belag (= Film) bildet (Verkleistern der Stärke des Mehls).

5. Beim Brandteig ist es sehr wichtig, dass man die Zutaten sehr genau ___ ___(5) ___ ___ ___ ___ ___, da sonst das Mengenverhältnis nicht stimmig ist.

6. Beim Abbrennen des Teiges entsteht ein Teig ___ ___(6) ___ ___!

7. Nach dem Abkühlen der Brandmasse gibt man die Eier ___(7) ___ ___ ___ und nach zu, sodass sich die Masse einheitlich verbinden kann.

LÖSUNG: Möglichkeiten der Formgebung von Brandteig

___(1) ___(2) L A I ___(3) S	W I ___(4) D ___(5) E U T E ___(6)	S C H W Ä ___(7) ___(8)

Lösung S. 32

Name:	Klasse:	Datum:	Fach:	Nr.:

Der Strudelteig

Grundrezept Strudelteig	
Menge	**Zutaten**
250 g	Mehl
1 Pr.	Salz
1–2 EL	Öl
1	Ei
ca. ⅛ l	lauwarmes Wasser
evtl. 1 EL	Essig

Ergänze die Arbeitsschritte!

Teig schlagen! | Strudel füllen und aufrollen! | Strudel mit Butter bestreichen!

Strudel ausziehen! | Teig kneten! | Teig 30 min ruhen lassen!

Arbeitsschritte:

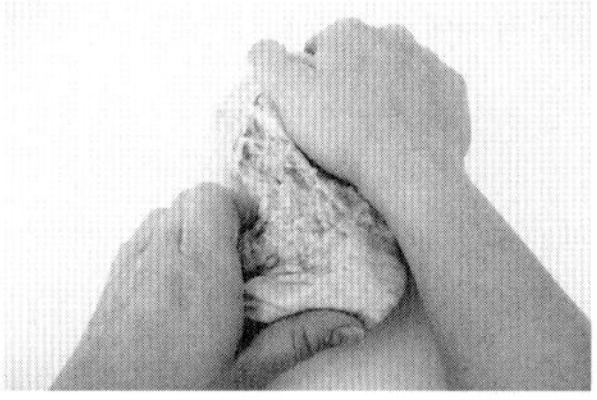

1. ______________________

Wärme fördert die Quellfähigkeit des Mehls. Lauwarmes Wasser zugeben.

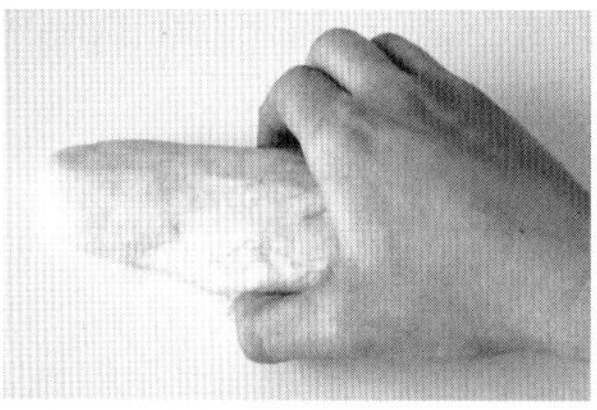

2. ______________________

Teig so lange schlagen, bis er glatt und glänzend ist und „Zungen" wirft.

3. ______________________

Teigkugeln dazu mit Öl bestreichen und mit dampfbeschlagener Metallschüssel abdecken.

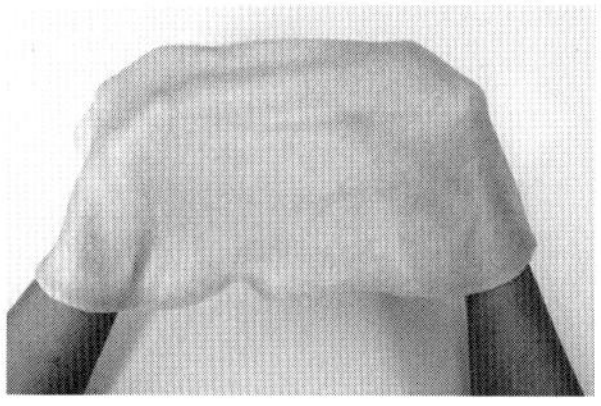

4. ______________________

Tellergroß mit Nudelholz ausrollen, mit Öl bestreichen und mit dem Handrücken hauchdünn ausziehen.

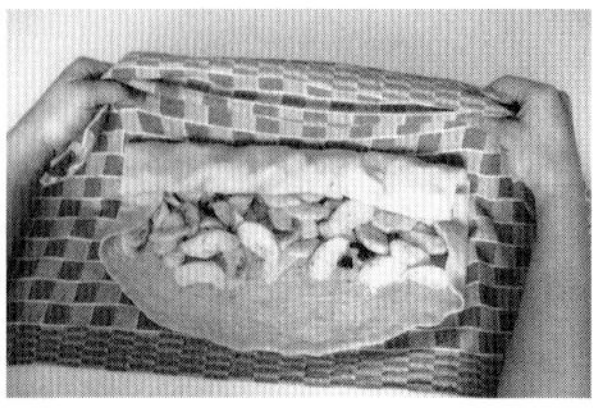

5. ______________________

Auf ein sauberes Geschirrtuch legen, beim Füllen unteres Drittel frei lassen, Ränder einschlagen

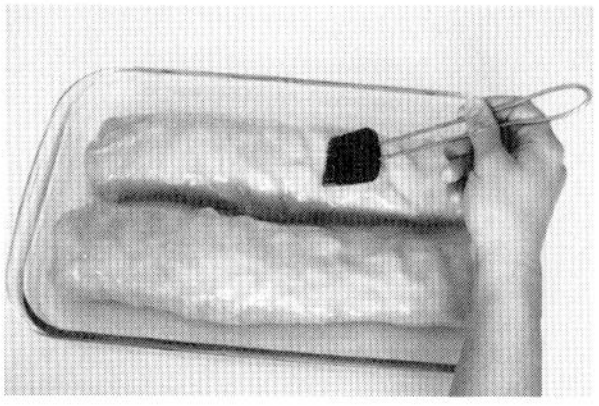

6. ______________________

Während des Backens mit Butter bestreichen oder mit Milch übergießen.

Name:	Klasse:	Datum:	Fach:	Nr.:

Teste dein Wissen über den Strudelteig!

Kreuze die jeweils richtige Antwort an!
Verbinde die Buchstaben in der Reihenfolge der richtigen Antworten!
Tipp: Es kann mehr als eine Antwort richtig sein!

1. Strudelteig ist …
   - A fettreich.
   - B zuckerarm.
   - C fettarm.

2. Welche Zutat erhöht die Elastizität des Teiges?
   - D Mehl
   - E Essig

3. Wärme unterstützt die Quellfähigkeit des Teiges. Darum
   - F lauwarmes Wasser verwenden.
   - G beim Ruhen mit dampfbeschlagener Metallschüssel abdecken.
   - H zum Gehenlassen auf die Heizung stellen.

4. Wie lange muss ich den Teig schlagen?
   - I Bis ich müde bin.
   - J Bis er „Zungen" wirft.
   - K 3- bis 5-mal.

5. Wie verhindere ich das Austrocknen des Teiges beim Ruhen?
   - L Mit Öl einpinseln.
   - M Mit Schüssel abdecken.
   - N Ins Wasser legen.

6. Das hauchdünne Ausziehen des Teiges ist eine schwierige Kunst. Mit welchen Tricks schaffe ich das?
   - O Zuerst tellergroß mit Nudelholz ausrollen, dann mit Öl bepinseln, über dem Handrücken ausziehen.
   - P Teigteller kreisförmig in die Luft werfen.

7. Wie verteile ich die Füllung auf dem ausgezogenen Strudelteig?
   - Q Gleichmäßig verteilen.
   - R Unteres Drittel freilassen.

8. Wie rolle ich den Strudel auf?
   - S Mithilfe eines Handtuchs.
   - T Mithilfe eines Nudelholzes.

9. Womit bestreiche ich den Strudel vor dem Backen?
   - U Flüssige Butter
   - V Eigelb
   - W Öl

10. Was stelle ich aus Strudelteig her?
   - X Wiener Apfelstrudel
   - Y Topfenstrudel
   - Z Rohrnudeln

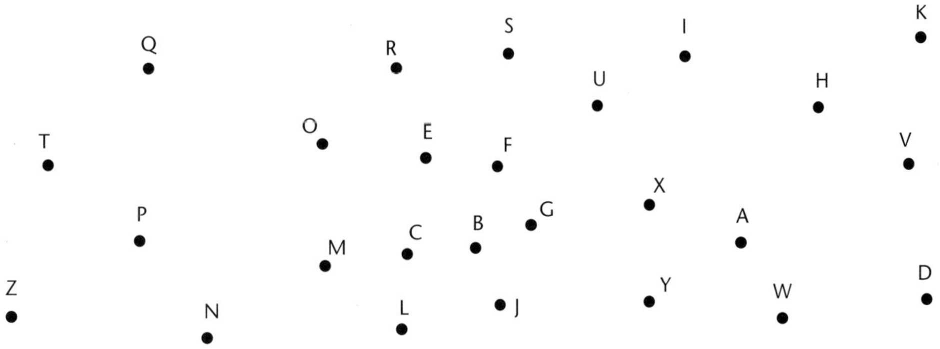

Lösung S. 32

Lösungen zu den Arbeitsblättern

Teste dein Wissen über den Mürbteig!

1. **Backpulver**
2. Mürbteig hat sowohl einen sehr **hohen** Zuckergehalt als auch einen sehr **hohen** Fettgehalt. Deshalb ist er sehr **kalorienreich.**
3. Damit er nicht so an den **Händen klebt**.
4. Je größer die Buttermenge, desto **mürber** ist die Beschaffenheit.
5. **Plätzchen, Kuchenboden**
6. **Mehl**

Teste dein Wissen über den Rührteig!

C, B, A, C, A, C

Teste dein Wissen über den Biskuitteig!

B, A, C, C, B, A

Teste dein Wissen über den Blätterteig!

1. **Klebemittel**
2. **Eigelb**
3. **gekühlt** und **tiefgekühlt**

Teste dein Wissen über den Quark-Öl-Teig!

1. Backpulver
2. Zucker
3. leicht bekömmlich
4. Teiglockerung
5. Pizza
6. kurz

Teste dein Wissen über den Hefeteig!

Welche Aufgabe hat die Hefe im Hefeteig?

B	I	O	L	O	G	I	S	C	H	E		T	E	I	G	L	O	C	K	E	R	U	N	G
1	2	3	4	5	6	7	8	9	10	11		12	13	14	15	16		17	18	19	20	21	22	

❶	K 18	N	E 19	T	H	A	K	E 13	N 23
❷	V	O 3+5	R	T	E	I	G		
❸	L 4+16	A	U	W	A	R 20	M		
❹	Z	U 21	C 9	K	E	R			
❺	S 8	I 14	E	B 1	E	N 22			
❻	F	E	T 12	T					
❼	D	R	E 11	I 2+7					
❽	T	U	C 17	H 10					
❾	Z	U	G 6+15						

Teste dein Wissen über den Brandteig!

1. 4 **Eier**

2. **geschlossenen**

3. zucker**armer**

4. **Abbrennen**

5. **abmisst**

6. Teig**kloß**

7. **nach** und nach

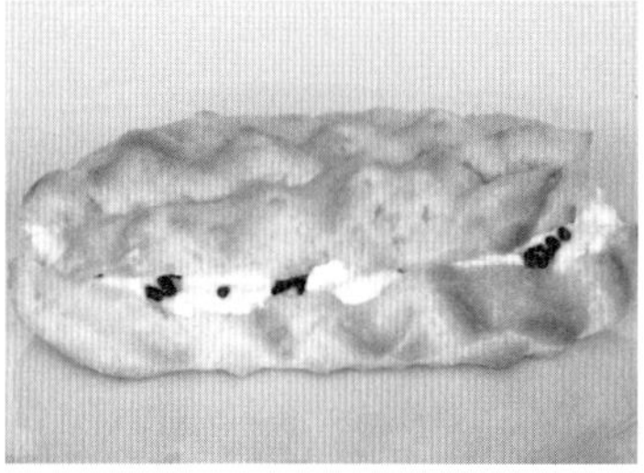		
ECLAIRS	WINDBEUTEL	SCHWÄNE

Teste dein Wissen über den Strudelteig!

Lösung: Eine alte Variante des Strudels war die schneckenförmig gewundene Form. Die gab dem Teig den Namen „Strudel" in Anlehnung an einen Wasserstrudel.

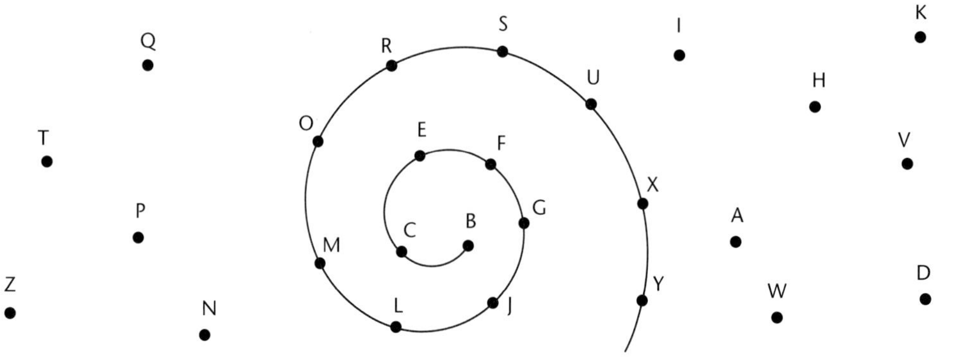

4 Rezepte

Hinweise zum Einsatz der Rezepte

Wir haben Rezepte mit unterschiedlichem Schwierigkeitsgrad bzw. Arbeitsumfang konzipiert. Somit sind die Rezepte für alle unterschiedlichen Schultypen und Jahrgangsstufen einsetzbar.

Für jeden Teig sind 1–2 Rezepte vorhanden. Die Arbeitsschritte zum Herstellen der unterschiedlichen Backwaren sind bei jedem Rezept unten als Streifen eingefügt. Diese Phasenbilder können Sie als Arbeitsanweisung für die Schülerpraxis verwenden. Dies ist bei Wiederholungsrezepten besonders sinnvoll, da sie den Schülern selbsttätiges Arbeiten ermöglichen.

Verwendete Abkürzungen

B.	Becher
D.	Dose
EL	Esslöffel
LM	Lebensmittel
Msp.	Messerspitze
P.	Päckchen
Pr.	Prise
Sch.	Scheibe
T.	Tasse
TL	Teelöffel

Phasenbilder

Windbeutel herstellen

1. Wasser, Salz und Butter kochen

2. Mehl zugeben, abbrennen

3. Eier unterrühren

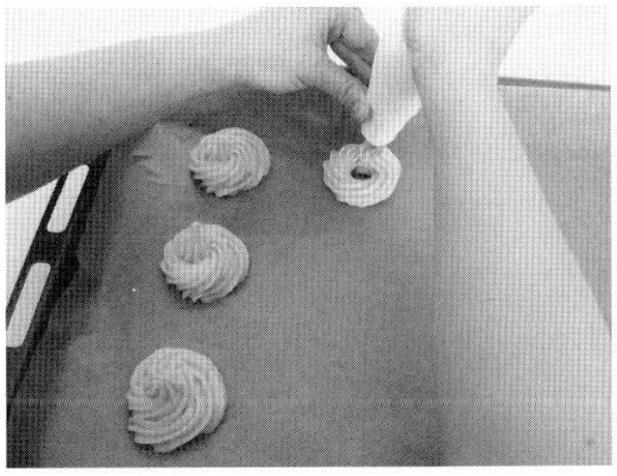

4. Rosetten aufspritzen, backen

5. Windbeutel aufschneiden

6. Füllen, mit Puderzucker besieben

Name:	Klasse:	Datum:	Fach:	Nr.:

Wir backen Weihnachtsgebäck aus Mürbteig

Weihnachtsgebäck aus Mürbteig (gehackter Mürbteig)

Menge	Zutaten	Zubereitung
300 g 1 Msp. 100 g 1 P. 1 Pr. 1 200 g	Mehl Backpulver Zucker Vanillezucker Salz Ei Butter	1. Mehl, Backpulver, Zucker, Vanillezucker und Salz auf das Backbrett geben 2. Eine Mulde formen und das Ei hineingeben 3. Butter in kleine Stücke schneiden und verteilen 4. Teig mit Teigkarte hacken 5. Teig kneten 6. Teig mindestens 30 min im Kühlschrank kühlen 7. Backbrett und Nudelholz bemehlen 8. Teig messerrückendick ausrollen 9. Plätzchen ausstechen 10. **Backen:** ca. 5–8 min bei 170 °C Umluft

Mürbteig herstellen

1. Teig mit Teigkarte hacken

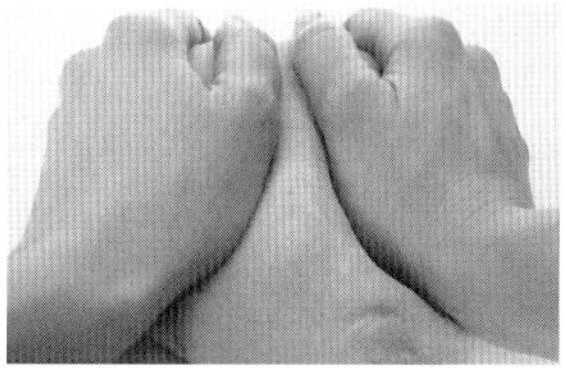

2. Teig kneten und kühl stellen

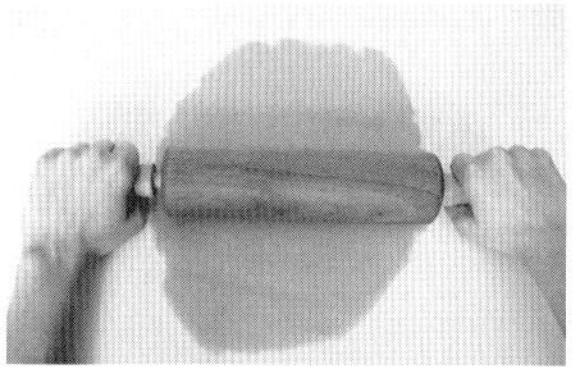

3. Teig ausrollen

4. Plätzchen ausstechen

Aprikosengebäck

Menge	Zutaten	Zubereitung
	Puderzucker Aprikosenmarmelade	1. Oberes Plätzchen mit Puderzucker bestäuben 2. Marmelade auf die Unterseite geben 3. Plätzchen zusammensetzen

Nugatgebäck

Menge	Zutaten	Zubereitung
½ Glas 1 P.	Nuss-Nugat-Creme Kuvertüre Nüsse, z. B. Mandelsplitter	1. Nugatcreme auf die Unterseite aufstreichen 2. Plätzchen zusammensetzen 3. Kuvertüre im Wasserbad schmelzen, Plätzchen bestreichen 4. Sofort mit Nüssen verzieren

Buttergebäck

Menge	Zutaten	Zubereitung
100 g etwas	Puderzucker Zitronensaft bunte Zuckerstreusel	1. Puderzucker mit Zitronensaft verrühren 2. Plätzchen bestreichen 3. Mit Zuckerstreuseln bestreuen

Name:	Klasse:	Datum:	Fach:	Nr.:

Wir backen Obstkuchenvariationen aus Mürbteig

Obstkuchenboden aus Mürbteig (gehackter Mürbteig)

Menge	Zutaten	Zubereitung
200 g 1 Msp. 100 g 1 Pr. 50 g 1 2	Mehl Backpulver Butter Salz Zucker Ei oder Eigelb	1. Gehackten Mürbteig herstellen 2. Teig mindestens 30 min kalt stellen 3. Teig messerrückendick ausrollen 4. In eine gefettete Springform geben, kleinen Rand formen **Tipp:** Mit einer Gabel mehrmals einstechen, damit sich beim Backen keine Blasen bilden.
¾ kg 1 EL 1 EL	Obst z. B. Äpfel, Zwetschgen, Birnen Semmelbrösel Zucker	5. Obst vorbereiten, z. B. schälen, Kernhaus/Kern entfernen, in Spalten schneiden 6. Kuchen mit Obst schuppenförmig belegen **Tipp:** Bei sehr saftigem Obst etwas Semmelbrösel auf den Boden streuen. 7. **Backen:** ca. 30–40 min bei 200 °C Ober- und Unterhitze 8. Noch warm überzuckern oder mit Baisermasse bestreichen, überbacken
 3 90 g	Baiser: kalte Eiweiße Zucker	9. Eiweiß zu sehr festem Eischnee schlagen 10. Zucker unter Schlagen langsam einrieseln lassen, Masse kurz weiterschlagen 11. Masse auf dem Kuchen verteilen, mit dem Löffelrücken Spitzen ziehen 12. **Backen:** ca. 5–10 min mit Oberhitze überbacken

Obstkuchen herstellen

1. Teig mit Teigkarte hacken

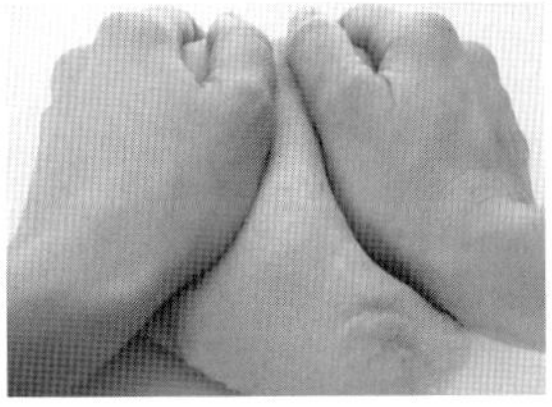
2. Teig kneten und kühl stellen

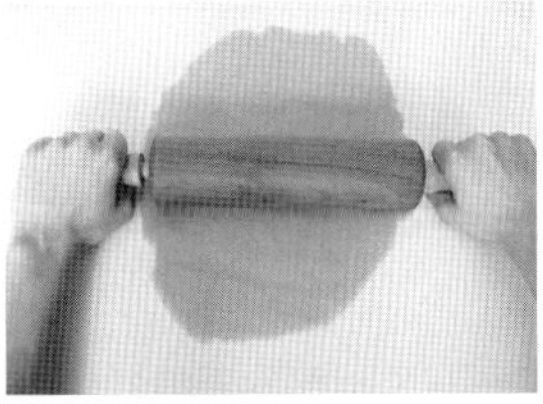
3. Teig ausrollen

4. Form fetten, mit Teig auskleiden

5. Mit Obst belegen und backen

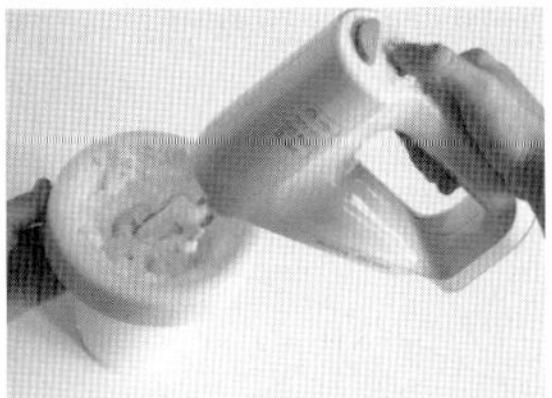
6. Baisermasse schlagen

7. Baisermasse auf Kuchen verteilen

8. Überbacken

Name:	Klasse:	Datum:	Fach:	Nr.:

Wir backen einen Gugelhupf/Napfkuchen aus Rührteig

Gugelhupf/Napfkuchen mit Variationen

Menge	Zutaten	Zubereitung
	Grundrezept Rührteig:	1. Gugelhupfform einfetten und bemehlen
250 g 250 g 4 1 Pr.	Butter Zucker Eier Salz	2. Butter, Zucker, Eier und Salz zu einer Schaummasse schlagen ⇨ Zucker muss sich gut mit der Masse verbunden haben ⇨ Hörtest!
500 g 1 Päck. ¼ l	Mehl Backpulver Milch	3. Trockene Zutaten, eine Geschmackszutat und Milch zugeben und unterrühren 4. Teig in die Form füllen
	Geschmackszutaten zur Wahl:	5. **Backen:** ca. 60 min bei 180 °C
100 g 75 g 75 g 100 g	Schokostreusel Kokosraspeln Nüsse Früchte	6. Gugelhupf aus dem Ofen nehmen und kurz ruhen lassen 7. Gugelhupf aus der Form lösen ⇨ Hilfe: feuchtes Tuch auf die Form legen 8. Gugelhupf auskühlen lassen
etwas evtl.	Schokoguss Kokosraspeln, Mandeln usw.	9. Gugelhupf mit Schokoguss bestreichen, evtl. garnieren

Gugelhupf/Napfkuchen herstellen

1. Form fetten und mehlen

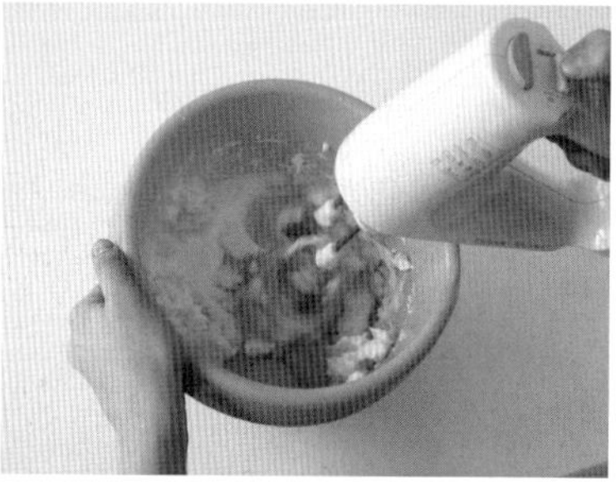

2. Schaummasse rühren

3. Trockene Zutaten, Milch und Geschmackszutat zugeben

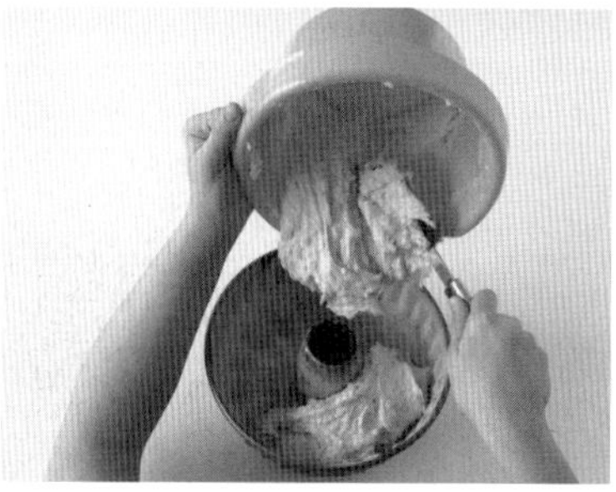

4. Teig einfüllen und backen

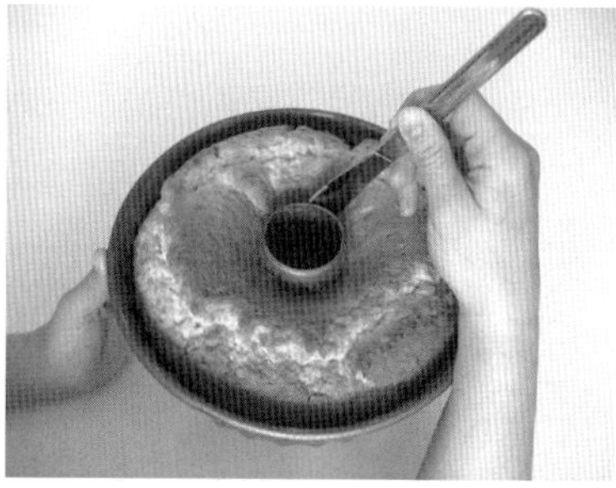

5. Gugelhupf aus der Form nehmen

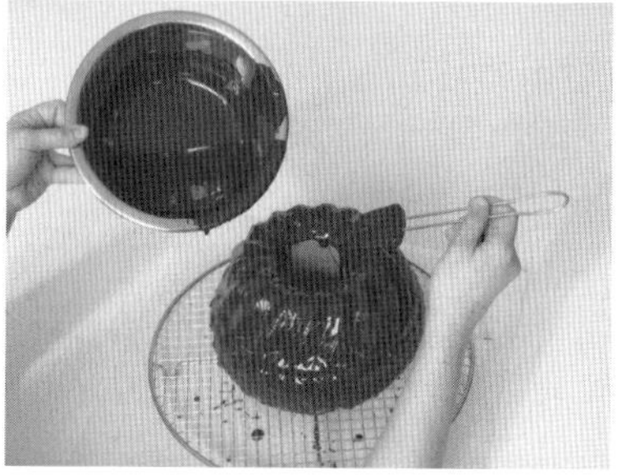

6. Gugelhupf mit Schokoglasur bestreichen

Name:	Klasse:	Datum:	Fach:	Nr.:

Wir backen Muffins aus Rührteig

Muffins in Variationen

Menge	Zutaten	Zubereitung
12	Papierförmchen	1. Muffinform mit Papierförmchen auskleiden
	½ Grundrezept Rührteig:	
125 g 125 g 2 1 Pr.	Butter Zucker Eier Salz	2. Butter, Zucker, Eier und Salz zu einer Schaummasse schlagen ⇨ Zucker muss sich gut mit der Masse verbunden haben ⇨ Hörtest!
250 g ½ P. ⅛ l	Mehl Backpulver Milch	3. Trockene Zutaten, eine Geschmackszutat und Milch zugeben und unterrühren
1–2	Geschmackszutaten nach Wahl:	4. Teig in die Form füllen ⇨ Ganz einfach mit einem Eisportionierer!
75 g 75 g 75 g 75 g 100 g	Kokosflocken Nüsse Mandeln Schokostreusel Früchte	5. **Backen:** ca. 60 min bei 180 °C 6. Muffins aus der Form lösen, erkalten lassen
etwas	Schokoglasur Puderzucker	7. Muffins mit Schokoglasur oder Puderzucker verzieren

Muffins herstellen

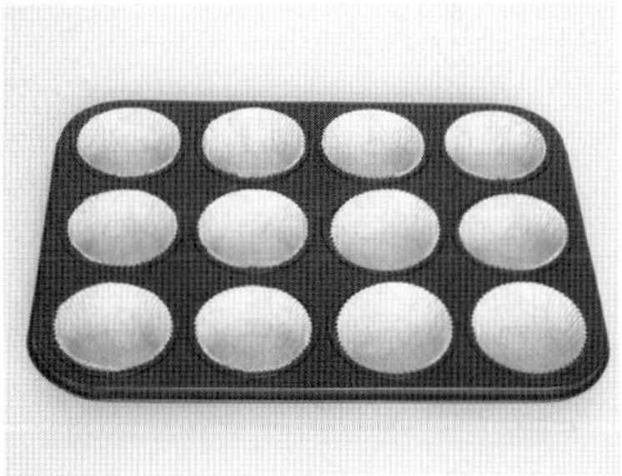

1. Form vorbereiten

2. Schaummasse rühren

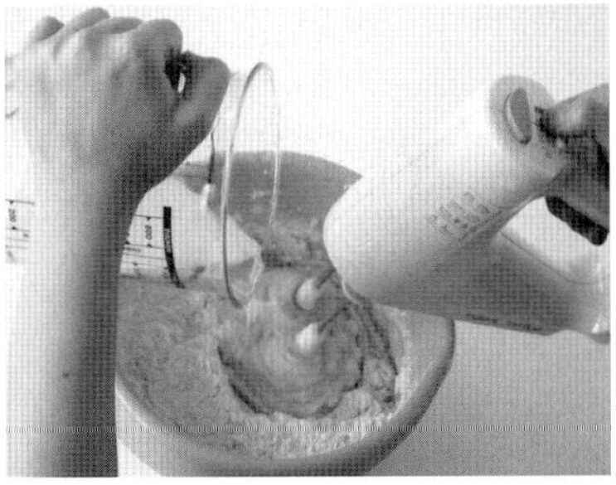

3. Trockene Zutaten, Milch und Geschmackszutat zugeben

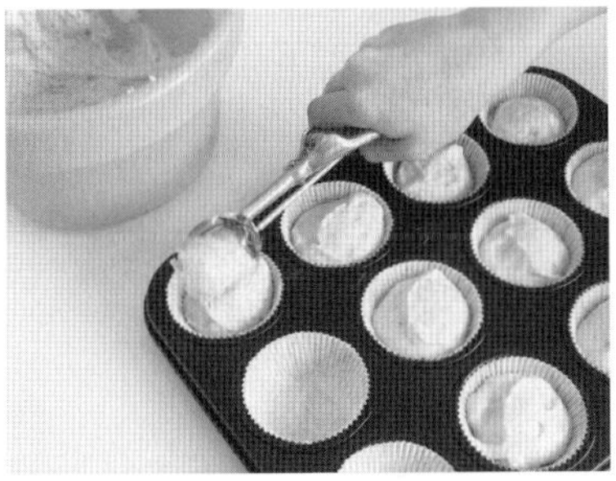

4. Teig einfüllen und backen

5. Muffins aus der Form nehmen

6. Muffins verzieren

Name:	Klasse:	Datum:	Fach:	Nr.:

Wir backen eine Biskuitrolle

Biskuitrolle		
Menge	**Zutaten**	**Zubereitung**
	Grundrezept Echter Biskuit:	1. Backblech vorbereiten: Backblech mit Backpapier auslegen
		2. Eier trennen
5	Eier	3. Eiweiß steif schlagen, Salz zugeben ⇨ Eischnee
1 Pr.	Salz	
125 g	Zucker	4. Zucker nach und nach zugeben ⇨ Zucker muss gut untergerührt werden, sodass man ihn nicht mehr hören kann
		5. Eigelb zugeben und kurz unterrühren
125 g	Mehl	6. Mehl und Backpulver sieben
1 Pr.	Backpulver	7. Mehl und Backpulver unterheben
		8. Biskuitteig auf das Blech geben und glatt streichen
		9. **Backen:** ca. 10 min bei 200 °C
		10. Biskuitrolle auf ein sauberes Geschirrtuch stürzen und rollen
	Füllung:	11. Biskuitrolle auskühlen lassen
2 B.	Sahne	
200 g	Frucht	12. Füllung herstellen (z. B. Sahne schlagen, Früchte vorbereiten)
etwas	Sahne, Früchte	13. Füllung auf die Biskuitrolle streichen
		14. Biskuitrolle aufrollen und verzieren

Biskuitrolle herstellen

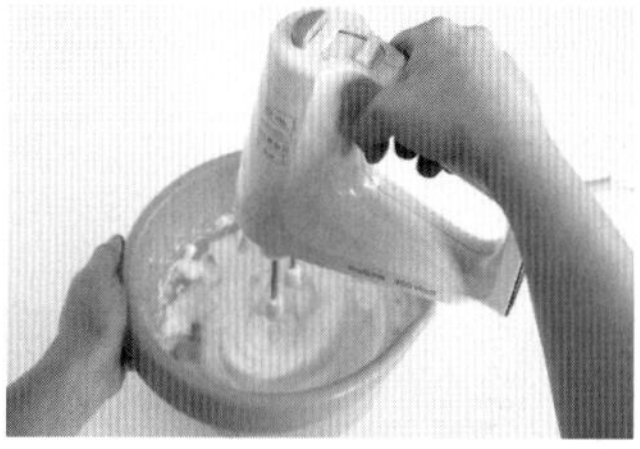
1. Eiweiß steif schlagen

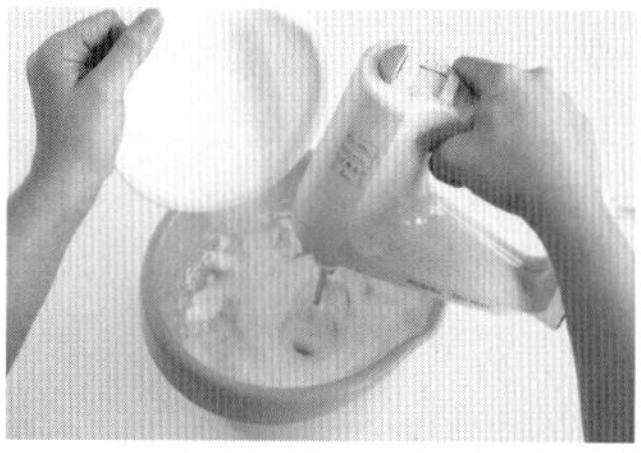
2. Zucker zugeben

3. Eigelb zugeben

4. Gesiebtes Mehl unterheben

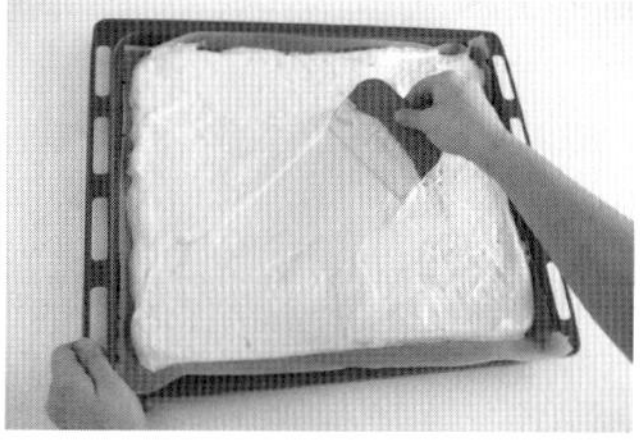
5. Biskuitteig aufstreichen und backen

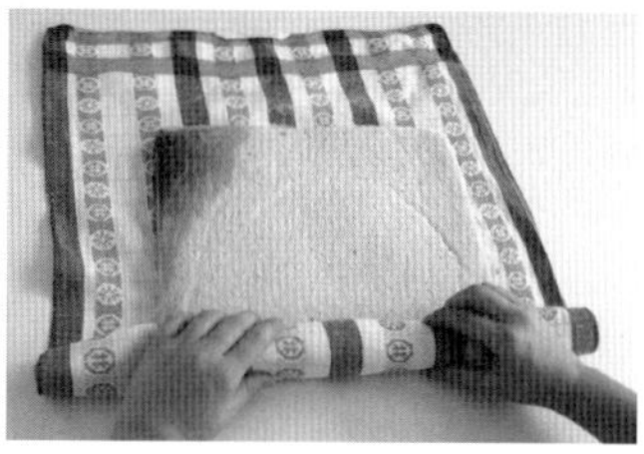
6. Biskuit rollen und abkühlen lassen

7. Füllung aufstreichen

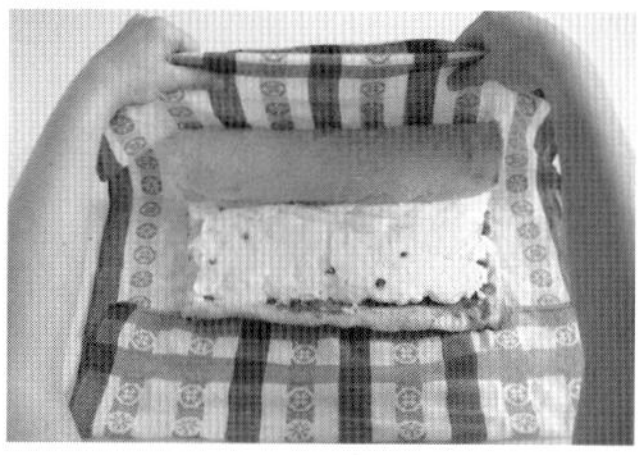
8. Biskuit rollen

9. Biskuitrolle garnieren

Name:	Klasse:	Datum:	Fach:	Nr.:

Wir backen eine Tiramisutorte

Biskuit

Menge	Zutaten	Zubereitung
	Grundrezept Echter Biskuit:	1. Springform vorbereiten: mit Backpapier auslegen
3	Eier	2. Eier trennen
1 Pr.	Salz	3. Eiweiß steif schlagen, Salz zugeben
75 g	Zucker	4. Zucker nach und nach zugeben
90 g	Mehl	5. Eigelb zugeben und kurz unterrühren
1 Pr.	Backpulver	6. Mehl und Backpulver sieben und unterheben
		7. Biskuitteig in die Form geben und glatt streichen
		8. **Backen:** ca. 10 min bei 200 °C
		9. Tortenboden auskühlen lassen
½ T.	Cappuccino	10. Tortenboden mit Cappuccino tränken
6 Blatt	Gelatine	11. Gelatine 10 min in kaltem Wasser einweichen
1 B.	Sahne	12. Sahne steif schlagen
500 g	Quark	13. Mascarpone, Quark und Zucker verrühren
1 B.	Mascarpone	14. Gelatine im Wasserbad auflösen, unter die Masse rühren
4 EL	Zucker	15. Creme auf den Tortenboden geben **Tipp:** Tortenring verwenden Torte ca. 5–6 Std. fest werden lassen
200 ml	Sahne	
etwas	Kakao	16. Torte mit Rosetten und Kakao verzieren

Tiramisutorte herstellen

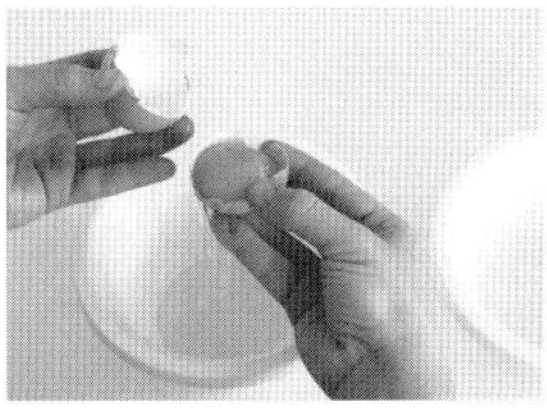
1. Eier trennen

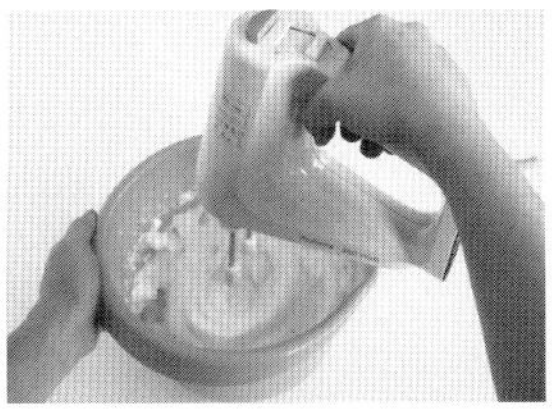
2. Eiweiß steif schlagen

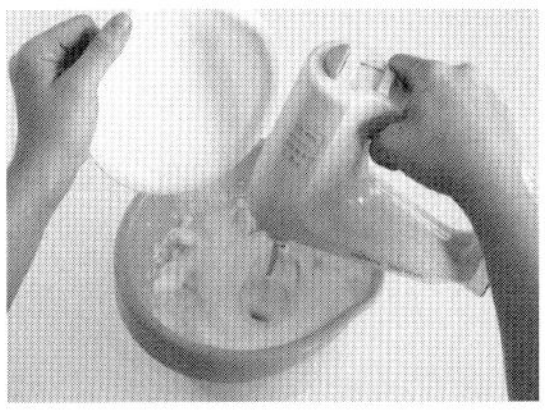
3. Zucker zugeben

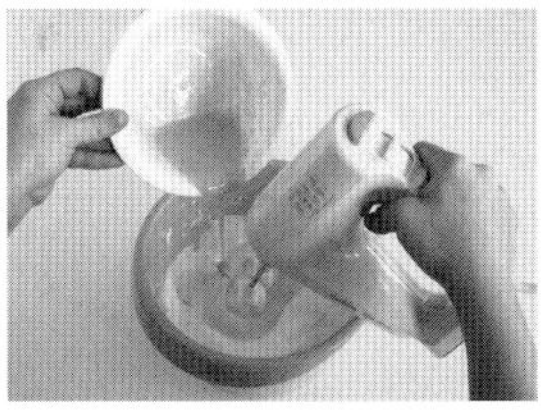
4. Eigelb zugeben

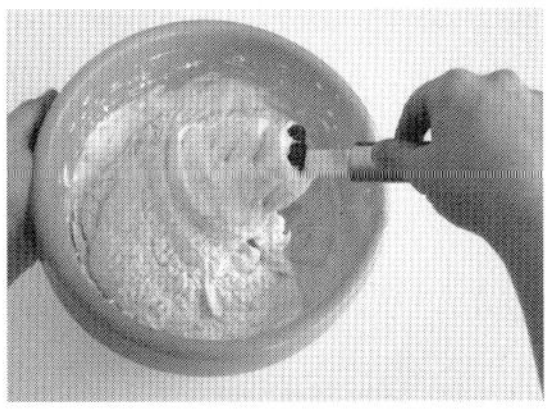
5. Gesiebtes Mehl unterheben

6. Biskuitteig aufstreichen, backen

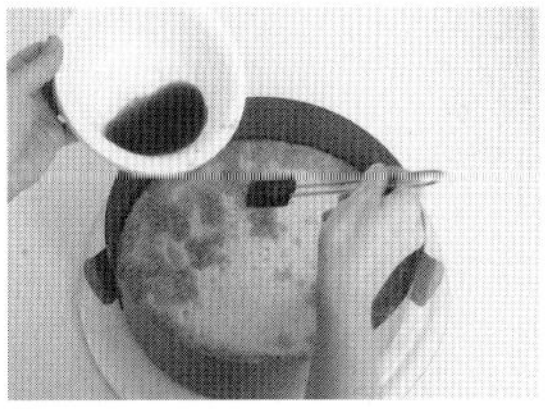
7. Boden tränken

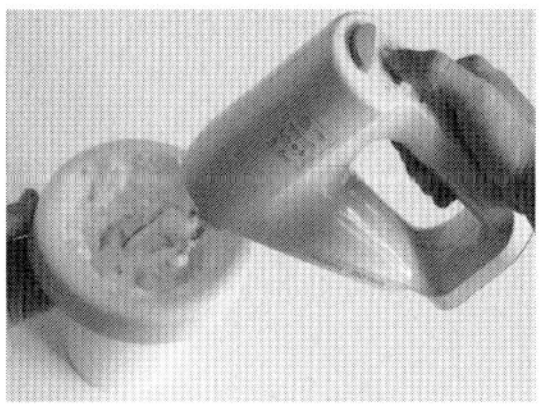
8. Sahne schlagen

9. Creme herstellen

10. Gelatine auflösen

11. Creme verteilen

12. Torte verzieren

Name:	Klasse:	Datum:	Fach:	Nr.:

Wir backen Gebäck aus Blätterteig

Gebäck aus Blätterteig

Menge	Zutaten	Zubereitung
1 Rolle 1 1	Blätterteig (Kühlregal) Eiklar Eigelb	1. Blätterteig aufrollen und evtl. zu einem Quadrat ausrollen 2. Blätterteig je nach Gebäckform zuschneiden und mit Eiklar bestreichen 3. Füllung herstellen 4. Blätterteiggebäck füllen und formen 5. Gebäck mit Eigelb bestreichen 6. **Backen:** ca. 20 min bei 180 °C Umluft
 ½ Glas 60 ml 1 EL 15 g	Kirschfüllung: Sauerkirschen Kirschsaft Speisestärke Zucker	 1. Kirschen abseihen und den Kirschsaft auffangen 2. Speisestärke mit etwas Kirschsaft glatt rühren 3. Restlichen Kirschsaft mit dem Zucker zum Kochen bringen 4. Angerührte Speisestärke einrühren und nochmals aufkochen lassen 5. Kirschen zugeben und unterheben
 1–2 1 EL 50 g 1 Msp.	Apfelfüllung: Äpfel (säuerlich) Zitronensaft Zucker Zimt	 1. Äpfel schälen, vierteln, Kernhaus entfernen und in Scheiben schneiden 2. Zitronensaft über die Apfelscheiben gießen 3. Zucker und Zimt zugeben und alles gut vermengen
 150 g ½ ¼ D. 50 g 1 TL	Pizzafüllung: Putenschinken Tomate Champignons geriebener Käse Pizzagewürz	 1. Putenschinken in Würfel schneiden. 2. Tomate waschen, Strunk entfernen, in Würfel schneiden 3. Champignons abseihen, in Scheiben schneiden 4. Schinkenwürfel, Tomatenwürfel, Champignonscheiben, Käse und Pizzagewürz gut vermengen

Gebäckformen:

Taschen Quadrat ca. 10 cm × 10 cm	**Windmühle** Quadrat ca. 10 cm × 10 cm	**Kamm** Rechteck ca. 10 cm × 12 cm	**Strudel** ganze Teigplatte
		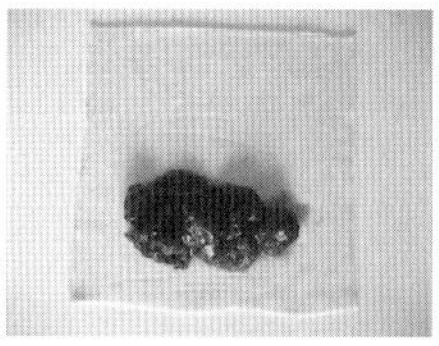	
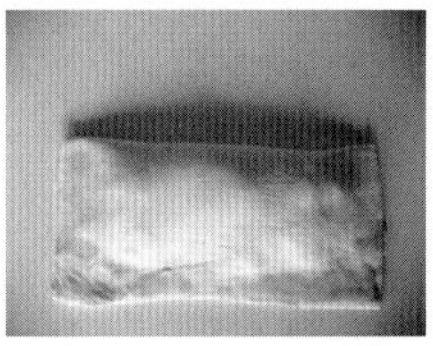		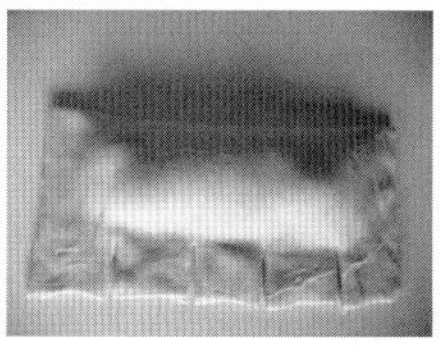	
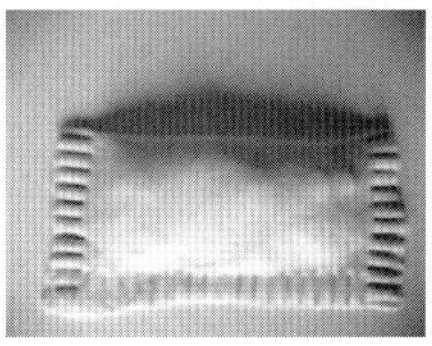		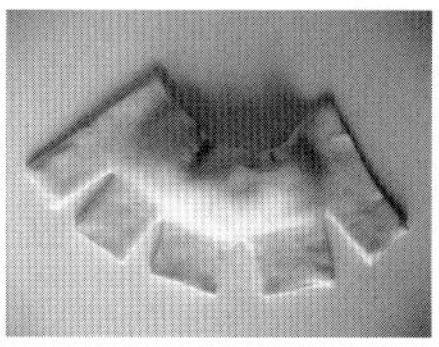	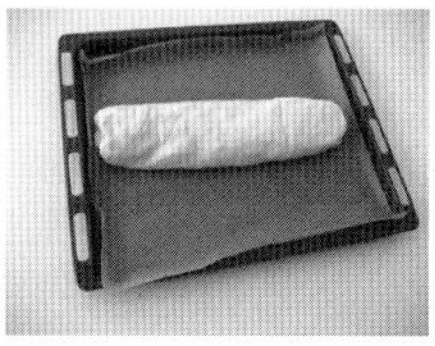

Name:	Klasse:	Datum:	Fach:	Nr.:

Wir backen Schinken-Käse-Stangen aus Blätterteig

Schinken-Käse-Stangen

Menge	Zutaten	Zubereitung
		1. Backblech mit Backpapier auslegen
1 Rolle	Blätterteig (Kühlregal)	2. Blätterteig aufrollen
100 g	Putenbrust	3. Putenbrust in Würfel schneiden
100 g	saure Sahne	4. Die Hälfte der sauren Sahne auf die Hälfte des Teiges streichen
100 g	geriebener Käse	5. Die Hälfte der Putenbrustwürfel und die Hälfte des Käses auf die saure Sahne streuen
	Salz Pfeffer	6. Mit Salz und Pfeffer würzen 7. Leere Teighälfte darüberklappen und festdrücken 8. Vorgang mit den restlichen Zutaten wie eben wiederholen 9. Gefüllten Blätterteig in 2 cm dicke Streifen schneiden und um die eigene Achse verdrehen 10. Blätterteigstangen auf das vorbereitete Backblech legen 11. **Backen:** ca. 20 min bei 200 °C Ober- und Unterhitze

Schinken-Käse-Stangen herstellen

1. Zutaten auf einer Teighälfte verteilen

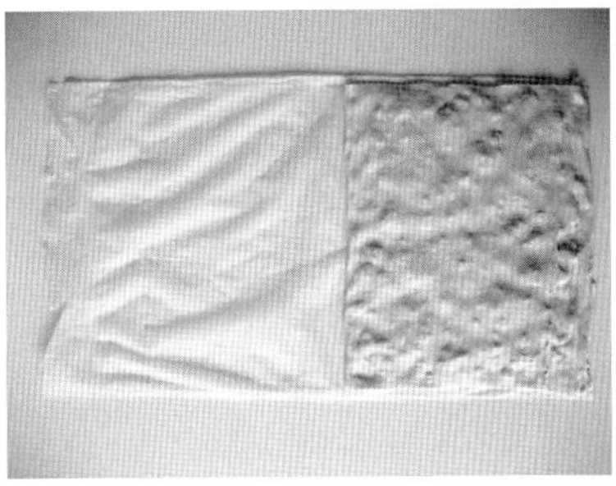

2. Leere Teighälfte darüberklappen und festdrücken

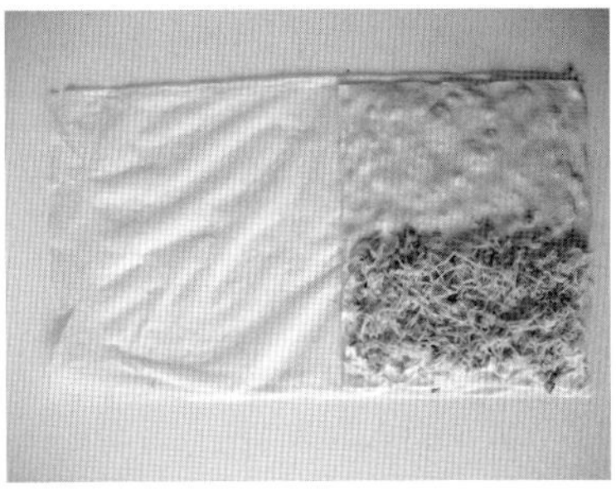

3. Zutaten auf einer Teighälfte verteilen

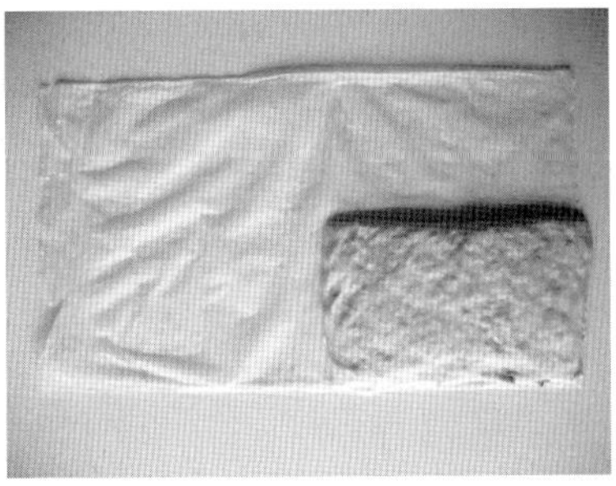

4. Leere Teighälfte darüberklappen und festdrücken

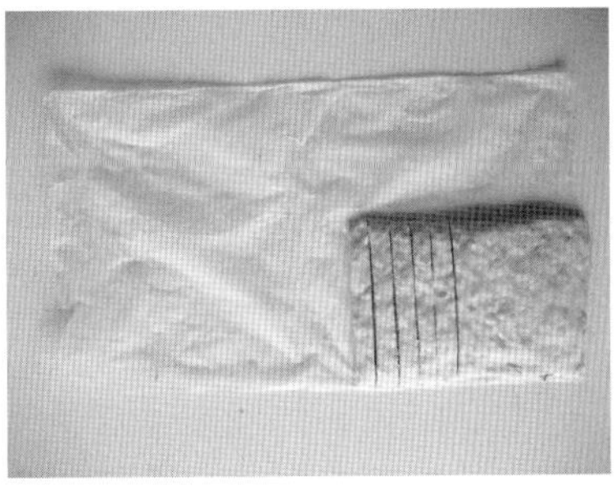

5. Streifen schneiden

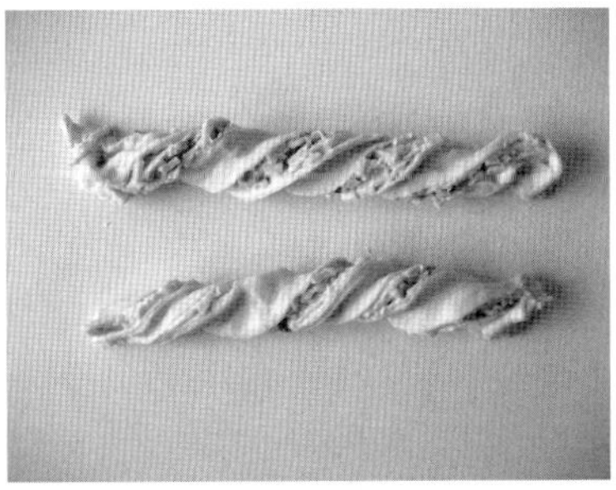

6. Stangen drehen

Name:	Klasse:	Datum:	Fach:	Nr.:

Wir backen eine Champignon-Quiche

Champignon-Quiche (Grundrezept Quark-Öl-Teig pikant)

Menge	Zutaten	Zubereitung
  150 g 2–3 EL 1 6 EL 1 Pr. 300 g 1 P.	<u>Grundrezept Quark-Öl-Teig:</u> Quark Milch Ei Öl Salz Mehl Backpulver	1. Backblech mit Backpapier auslegen 2. Quark, Milch, Ei, Öl und Salz mit dem Handrührgerät verrühren 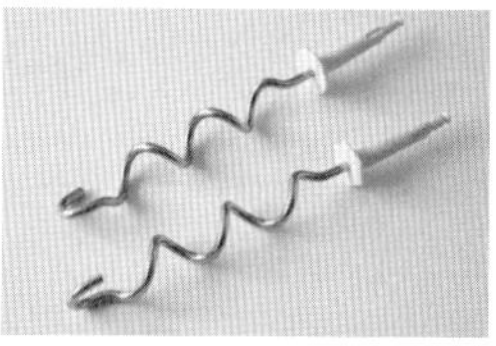 3. Mehl und Backpulver sieben und zugeben 4. Alle Zutaten mit dem Handrührgerät (Knethaken) verkneten 5. Teig zu einem Rechteck ausrollen, auf das vorbereitete Blech legen und gleichmäßig ausziehen 6. Teig mit der Gabel gut einstechen
 200 g 1 D. 100 g	<u>Belag:</u> Schinken/Putenbrust Champignons geriebener Käse	7. Schinken/Putenbrust in Würfel schneiden 8. Champignons gut abtropfen lassen, in Scheiben schneiden und auf dem Teig verteilen 9. Schinkenwürfel darübergeben und mit Käse bestreuen
 1 B. 1 B. 2	<u>Guss:</u> Crème fraîche süße Sahne Eier Salz, Pfeffer	10. Crème fraîche, süße Sahne, Eier, Salz und Pfeffer verquirlen 11. Guss gleichmäßig über die Quiche gießen 12. **Backen:** ca. 35 min bei 200 °C Grad Ober- und Unterhitze 

Quiche herstellen

1. Zutaten gut verrühren

2. Mehl und Backpulver zugeben und verkneten

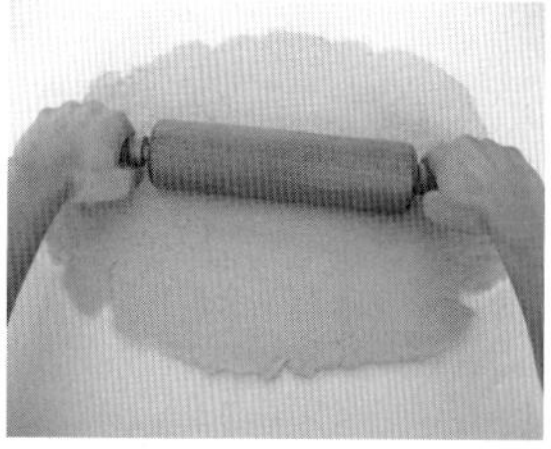
3. Teig ausrollen

4. Teig belegen

Name:	Klasse:	Datum:	Fach:	Nr.:

Wir backen Nussschnecken aus Quark-Öl-Teig

Nussschnecken (Grundrezept Quark-Öl-Teig süß)

Menge	Zutaten	Zubereitung
	Grundrezept Quark-Öl-Teig:	1. Backblech mit Backpapier auslegen 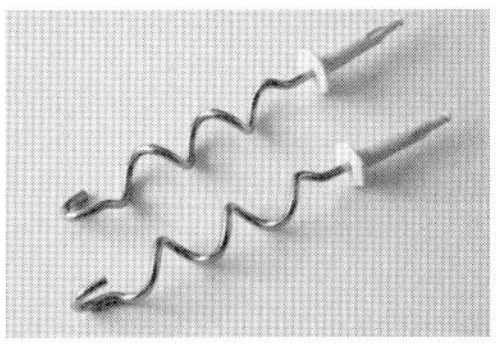
150 g 2 EL 75 g 1 6 EL 1 Pr.	Quark Milch Zucker Ei Öl Salz	2. Quark, Milch, Zucker, Ei, Öl und Salz mit dem Handrührgerät verrühren
300 g 1 P.	Mehl Backpulver	3. Mehl und Backpulver sieben und zugeben 4. Alle Zutaten mit dem Handrührgerät (Knethaken) gut verkneten 5. Teig zu einem Rechteck ausrollen
	Nussfüllung:	
80 g 80 g 80 g 1 TL 1 Pr. 120 ml	geriebene Haselnüsse Zucker Semmelbrösel Kakaopulver Zimt Milch	6. Haselnüsse, Zucker, Semmelbrösel, Kakaopulver und Zimt gut vermischen 7. Milch erhitzen, nach und nach zugeben, bis eine streichbare Masse entsteht 8. Nussmasse gleichmäßig auf den Teig streichen 9. Teig aufrollen, in 1 cm dicke Scheiben schneiden und auf das vorbereitete Backblech mit Abstand auflegen und flachdrücken
		10. **Backen:** ca. 20 min bei 180 °C Umluft
	Puderzucker Zitronensaft	11. Evtl. Nussschnecken noch heiß mit einer Puderzuckerglasur bestreichen

Nussschnecken herstellen

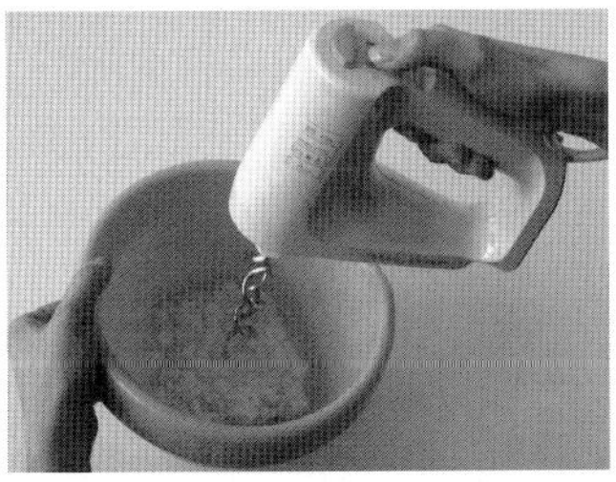

1. Zutaten gut verrühren

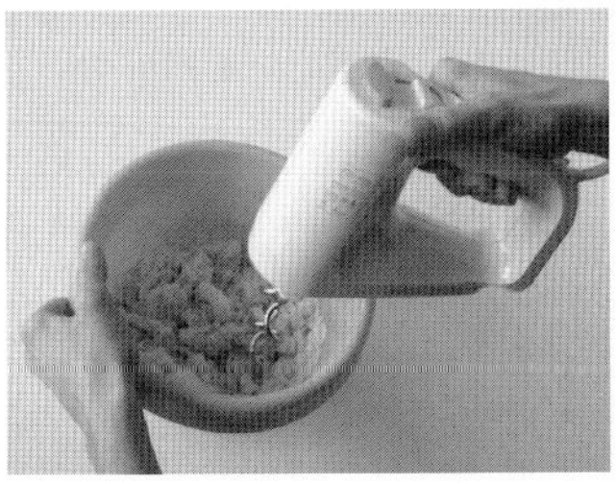

2. Mehl und Backpulver zugeben und verkneten

3. Teig zu einem Rechteck ausrollen

4. Masse aufstreichen

5. Teig aufrollen

6. In Scheiben schneiden

Name:	Klasse:	Datum:	Fach:	Nr.:

Wir backen einen Hefezopf

Hefezopf einfach (Grundrezept mittelfester süßer Hefeteig)

Menge	Zutaten	Zubereitung
500 g 20 g ½ TL ⅛ – ¼ l	Mehl Hefe Zucker Milch	1. Vorteig/Dämpferl herstellen: – Hefe in eine Tasse bröseln, mit wenig Zucker und etwas lauwarmer Milch verrühren – Mehl in eine Schüssel sieben, Mulde formen – Vorteig in Mulde gießen, zugedeckt 10–15 min gehen lassen
1 Pr. 50 g 50 g 1–2 100 g	Salz Butter Zucker Eier Rosinen	2. Teig kneten – Vorteig mit etwas Mehl mischen – Weiche Butter, Zucker, Salz, Eier zugeben – Teig kneten – Rosinen einarbeiten, Teig zugedeckt gehen lassen
		3. Zopf flechten und auf dem Blech noch einmal gehen lassen
1	Ei	4. Mit Ei bestreichen
		5. **Backen:** ca. 45–60 min bei 180 °C
evtl.	Puderzucker	6. Evtl. mit Puderzucker besieben

Hefezopf herstellen

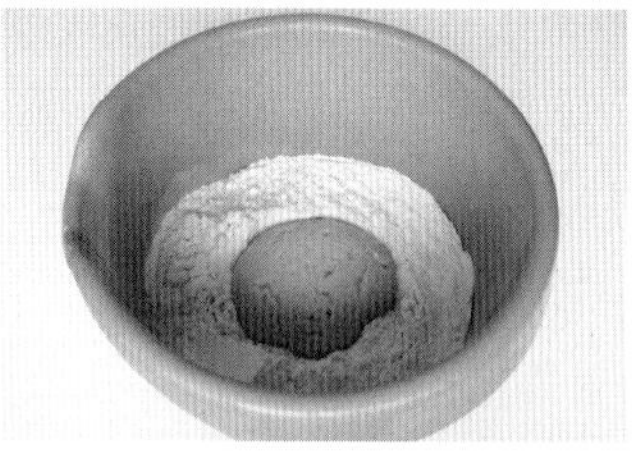

1. Vorteig/Dämpferl ansetzen und gehen lassen

2. Teig kneten

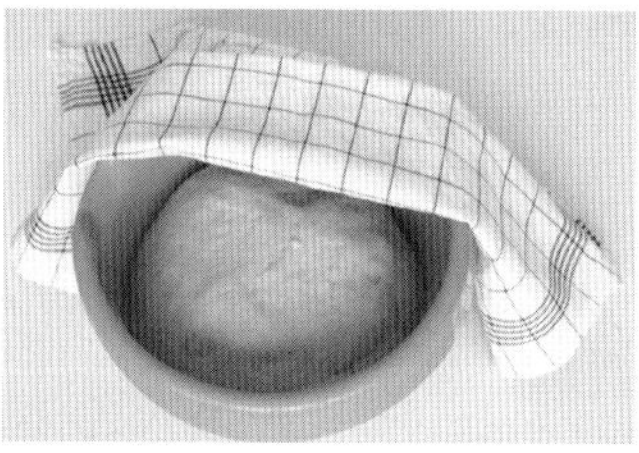

3. Teig gehen lassen

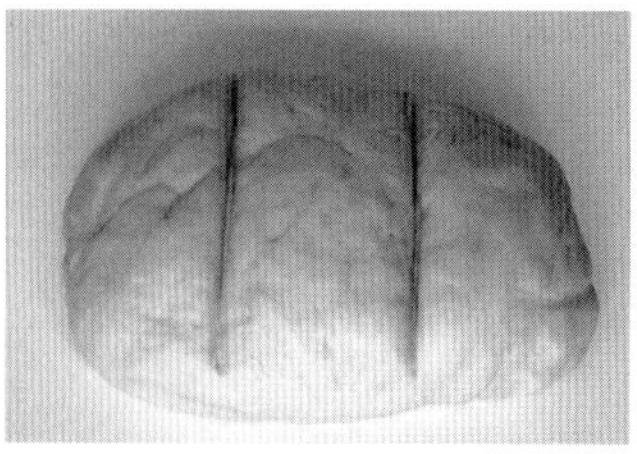

4. Teig in drei Teile teilen

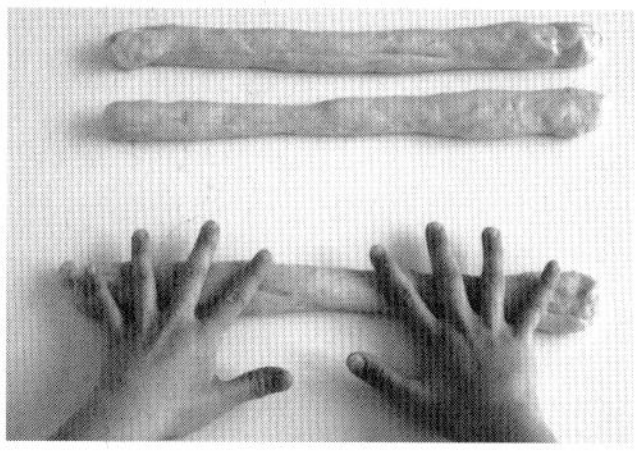

5. Gleichmäßige Rollen drehen

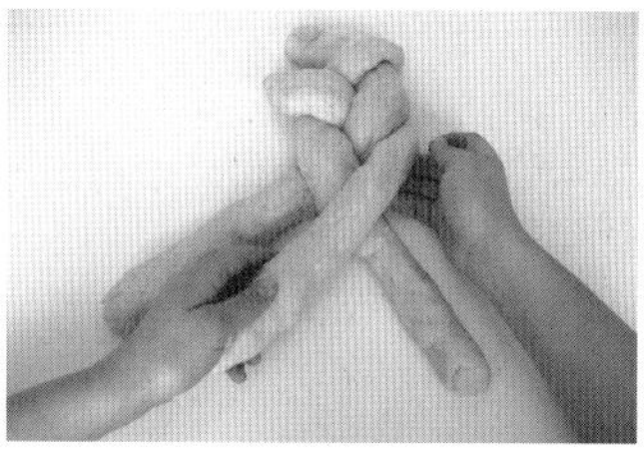

6. Zopf flechten

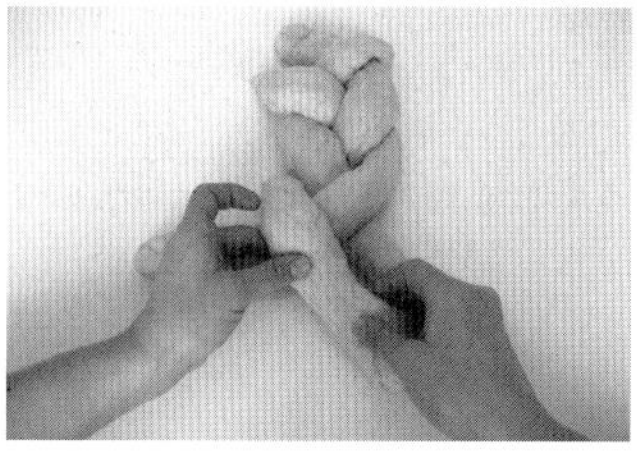

7. Fertigen Zopf noch einmal gehen lassen

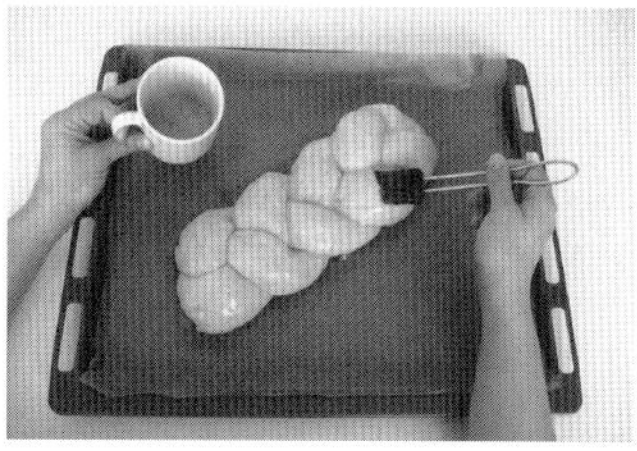

8. Mit Ei bestreichen

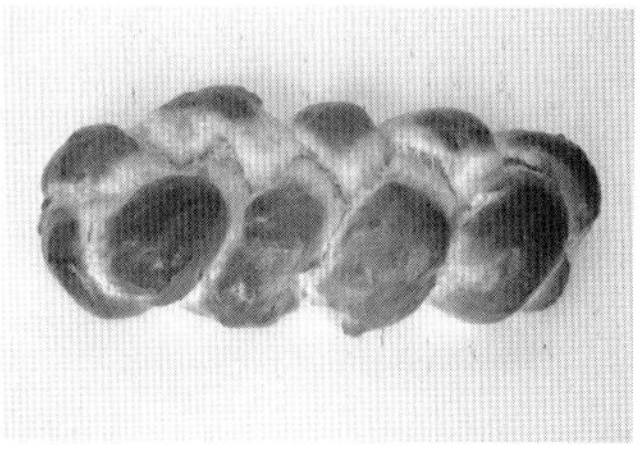

9. Backen, evtl. mit Puderzucker besieben

Name:	Klasse:	Datum:	Fach:	Nr.:

Wir backen Brötchen aus Hefeteig

Vollkornbrötchen (Grundrezept mittelfester pikanter Hefeteig)

Menge	Zutaten	Zubereitung
300 g 20 g ½ TL ⅛ – ¼ l	Vollkornmehl Hefe Zucker Flüssigkeit, z. B. Wasser, Buttermilch, …	1. Vorteig/Dämpferl herstellen: – Hefe in eine Tasse bröseln, mit wenig Zucker und etwas lauwarmer Flüssigkeit verrühren – Mehl in eine Schüssel sieben, Mulde formen – Vorteig in Mulde gießen, zugedeckt 10–15 min gehen lassen
1 TL 20 g	Salz Butter oder Öl	2. Teig kneten – Vorteig mit etwas Mehl mischen – Fett und Salz zugeben – Teig kneten – Teig zugedeckt gehen lassen 3. Brötchen formen und auf dem Backblech noch einmal gehen lassen
	Wasser Kümmel, Sonnenblumenkerne, Mohn, Sesam usw.	4. Mit Wasser bestreichen und mit Gewürzen bestreuen 5. **Backen:** ca. 25–35 min bei 180 °C

Brötchen herstellen

1. Vorteig/Dämpferl ansetzen und gehen lassen

2. Teig kneten

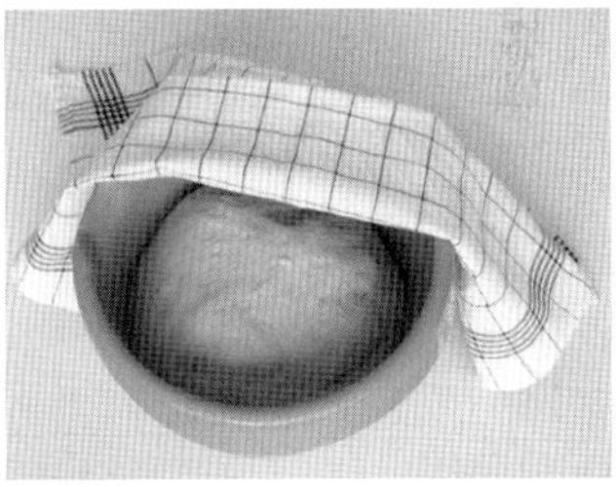
3. Teig gehen lassen

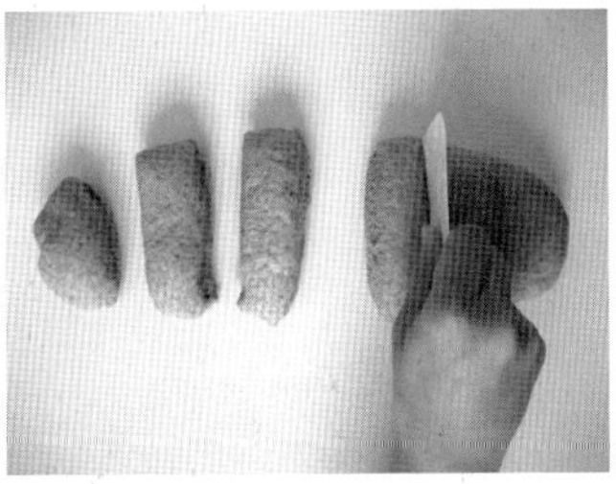
4. Teig in sechs Teile teilen

5. Brötchen formen

6. Mit Wasser bestreichen, mit Gewürzen bestreuen

Name:	Klasse:	Datum:	Fach:	Nr.:

Wir backen Windbeutel aus Brandteig

Windbeutel

Menge	Zutaten	Zubereitung
	Grundrezept Brandteig:	1. Backblech vorbereiten: Backblech mit Backpapier auslegen
¼ l	Wasser	2. Wasser, Salz und Butter im geschlossenen Topf kurz kochen
1 Pr.	Salz	
50 g	Butter	3. Mehl hinzugeben und gut verrühren = abbrennen **Tipp:** Es bildet sich ein weißlicher Belag am Topfboden, ein Teigkloß entsteht.
150 g	Mehl	
4	Eier	4. Brandmasse kurz abkühlen lassen und Eier nach und nach zugeben, mit dem Handrührgerät gut verrühren
1 Msp.	Backpulver	5. Backpulver zugeben und unterrühren 6. Teig in den Spritzbeutel füllen und Rosetten auf das Backblech spritzen 7. **Backen:** ca. 30 min bei 200 °C
	Sahne-Frucht-Füllung:	8. Windbeutel mit einer Schere aufschneiden und auskühlen lassen
2 B.	Sahne	9. Füllung herstellen (z. B. Sahne schlagen, Früchte vorbereiten)
200 g	Früchte	
	Käsefüllung:	
30 g	Butter	
200 g	Frischkäse	
50 g	geriebener Käse	10. Windbeutel füllen, obere Hälfte aufsetzen
1 EL	Schmand	11. Windbeutel geschmackvoll anrichten
1 TL	Ketchup,	
etwas	Salz, Pfeffer, Paprika	

Windbeutel herstellen

1. Wasser, Salz und Butter kochen

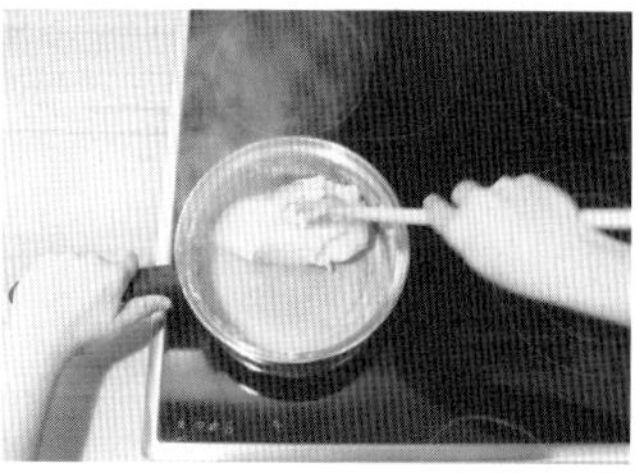
2. Mehl zugeben und abbrennen

3. Eier unterrühren

4. Rosetten aufspritzen, backen

5. Windbeutel aufschneiden

6. Füllen, mit Puderzucker besieben

Name:	Klasse:	Datum:	Fach:	Nr.:

Wir backen eine Suppeneinlage aus Brandteig

Profitklößchen

Menge	Zutaten	Zubereitung
	Grundrezept Brandteig:	1. Backblech vorbereiten: Backblech mit Backpapier auslegen
¼ l 1 Pr. 50 g	Wasser Salz Butter	2. Wasser, Salz und Butter im geschlossenen Topf kurz kochen
150 g	Mehl	3. Mehl hinzugeben und gut verrühren – Teig abbrennen – Es bildet sich ein weißlicher Belag am Topfboden – Ein Teigkloß entsteht
4	Eier	4. Brandmasse kurz abkühlen lassen und Eier nach und nach zugeben, mit dem Handrührgerät gut verrühren
1 Msp.	Backpulver	5. Backpulver zugeben und unterrühren 6. Teig in den Spritzbeutel füllen und kleine Rosetten auf das Backblech spritzen 7. **Backen:** ca. 30 min bei 200 °C
1 l	Brühe	8. Klare Gemüsebrühe kochen 9. Profitklößchen erst bei Tisch in die Suppe geben, da sie sehr schnell durchweichen

Suppeneinlage Profitklößchen herstellen

1. Wasser, Salz und Butter kochen

2. Mehl zugeben und abbrennen

3. Eier unterrühren

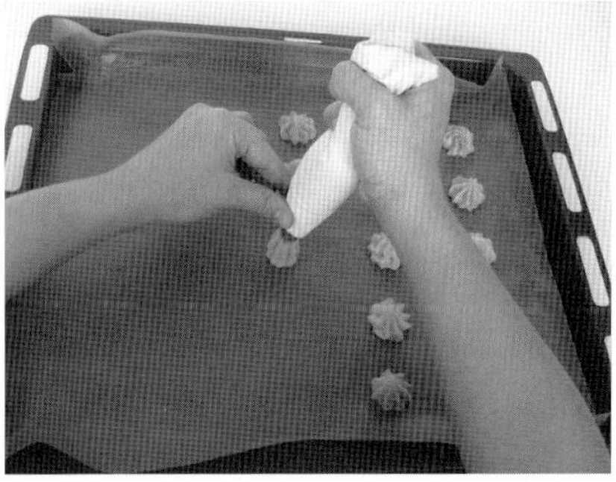

4. Kleine Rosetten aufspritzen, backen

Name:	Klasse:	Datum:	Fach:	Nr.:

Wir backen Strudelvariationen

Grundrezept Strudelteig

Menge	Zutaten	Zubereitung
250 g 1 Pr. 1–2 EL 1 ca. ⅛ l 1 EL	Mehl Salz Öl Ei lauwarmes Wasser Essig	1. Teig kneten 2. Teig sehr fest abschlagen, bis er glatt ist und „Zungen“ wirft 3. Teig halbieren, zwei Kugeln drehen, mit Öl bepinseln und mit dampfbeschlagener Metallschüssel abdecken. Teig mindestens 30 min ruhen lassen
50 g 2–3 EL	Butter zum Bestreichen Semmelbrösel Butter Puderzucker	4. Strudel ausziehen und auf ein sauberes Geschirrtuch legen 5. Strudel mit zerlassener Butter bestreichen 6. Evtl. mit Semmelbrösel bestreuen, z. B. bei feuchten Füllungen 7. Strudel füllen: unteres Drittel des Teiges freilassen 8. Ränder einschlagen, Strudel aufrollen 9. In gefettete Form oder auf ein mit Backpapier belegtes Blech legen, mit Butter bestreichen 10. **Backen:** ca. 30–45 min bei 200 °C 11. Evtl. vor dem Servieren mit Puderzucker besieben

Strudel herstellen

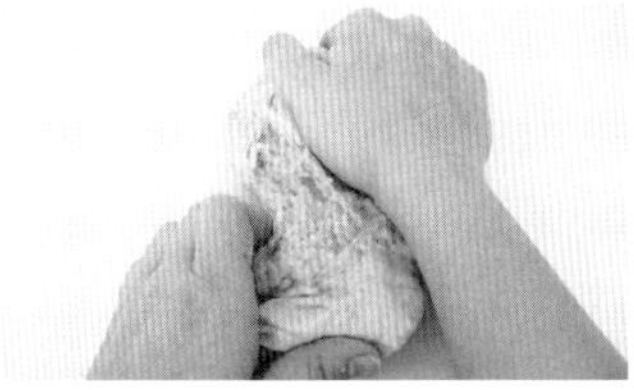

1. Teig kneten

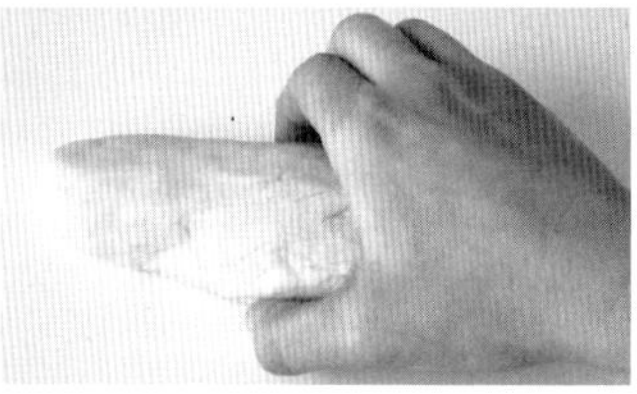

2. Teig schlagen, bis er „Zungen“ wirft

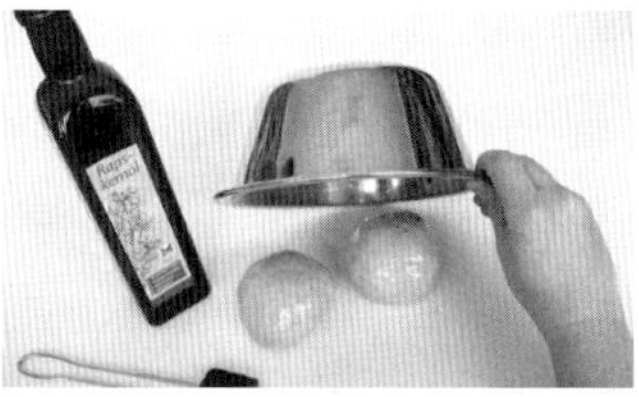

3. Teig mindestens 30 min ruhen lassen

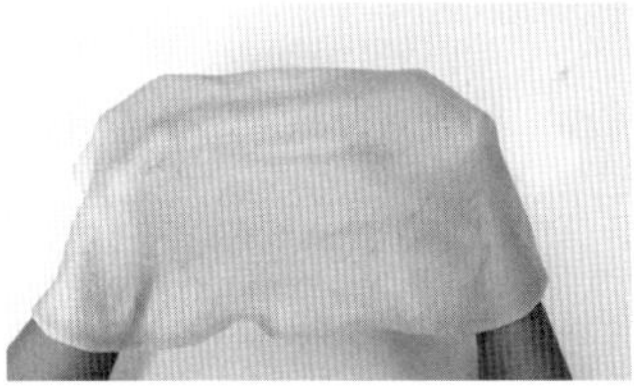

4. Strudel ausziehen

5. Strudel füllen, Enden einschlagen, aufrollen

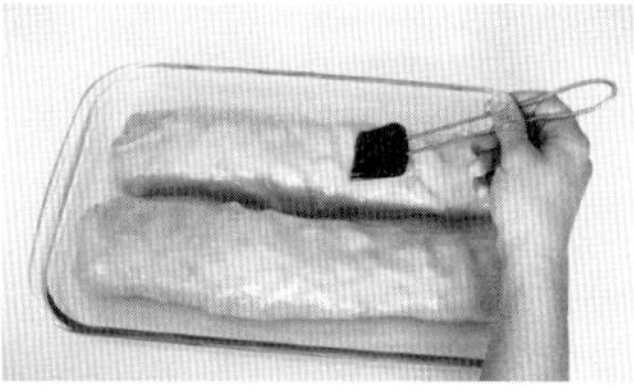

6. Strudel mit Butter bestreichen

Obststrudel

Menge	Zutaten
1 kg	Obst, z. B. Äpfel
2 EL	Nüsse
2 EL	Rosinen
3–4 EL	Zucker
1 TL	Zimt

Topfenstrudel/Quarkstrudel

Menge	Zutaten
30 g	Butter } Schaummasse
200 g	Zucker } Schaummasse
3	Eigelb } Schaummasse
etwas	Zitronenschale
1 kg	Quark
2 EL	Rosinen
3	Eischnee ⇨ unterheben

Gemüse-Schinken-Strudel

Menge	Zutaten
4 Sch.	Schinken
2	Zwiebeln } andünsten
2 Z.	Knoblauch } andünsten
4	Karotten } andünsten
1	Zucchini } andünsten
2 EL	Crème fraîche
1	Ei